영어를 일생의
친구로 만드는
21가지 방법

영어를 일생의 친구로 만드는 21가지 방법

발행일   2016년 3월 10일

지은이   이 문 상
펴낸이   손 형 국
펴낸곳   (주)북랩
편집인   선일영   편집   김향인, 서대종, 권유선, 김성신
삽화   김은희
디자인   이현수, 신혜림, 윤미리내, 임혜수   제작   박기성, 황동현, 구성우
마케팅   김회란, 박진관, 김아름
출판등록 2004. 12. 1(제2012-000051호)
주소   서울시 금천구 가산디지털 1로 168, 우림라이온스밸리 B동 B113, 114호
홈페이지   www.book.co.kr
전화번호   (02)2026-5777   팩스   (02)2026-5747

ISBN   979-11-5585-951-3 03740(종이책)   979-11-5585-952-0 05740(전자책)

이 도서의 국립중앙도서관 출판예정도서목록(CIP)은 서지정보유통지원시스템 홈페이지(http://seoji.nl.go.kr)와
국가자료공동목록시스템(http://www.nl.go.kr/kolisnet)에서 이용하실 수 있습니다.
(CIP제어번호 : CIP2016005840)

성공한 사람들은 예외없이 기개가 남다르다고 합니다.
어려움에도 꺾이지 않았던 당신의 의기를 책에 담아보지 않으시렵니까?
책으로 펴내고 싶은 원고를 메일(book@book.co.kr)로 보내주세요.
성공출판의 파트너 북랩이 함께하겠습니다.

영어를 일생의 친구로 만드는 21가지 방법

그동안 놓쳤던 영어의 기본 정보가
영어 실력을 키우는 진짜 원동력이다!

이문상 지음

북랩 book Lab

머리말

영어를 가르치는 책은 수없이 많은데, 영어와 영어 배움에 관한 쏠쏠한 정보를 한 번에 제공하는 책은 찾기 어렵습니다.

'영어를 하면 되지, 굳이 영어에 관해 알 필요가 있나?' 이렇게 생각할 수도 있습니다.

하지만 영어에 대해 조금은 폭넓게 요모조모 알게 되면, 영어를 대하는 우리의 마음이 다소 경쾌해지지 않을까요? 영어를 이리저리 살펴보다 보면 영어가 꽤나 괜찮은 친구로 새롭게 다가올 수도 있습니다.

그리하여 다음과 같은 분들을 생각하며 이 책을 준비했습니다.
◦ 영어 교육 사업에 참여하며 영어에 대한 전체 그림을 갖고 싶은 분
◦ 영어 전문가는 아니어도 영어에 대한 흥미와 궁금증이 있는 분
◦ 어학이나 영어를 기반으로 하는 음성학에 관심이 있는 분
◦ 우리 아이 영어 교육의 방향성을 명쾌하게 정리하고 싶은 부모님

이러한 분들이 알고자 하고 흥미로워 할 만한 내용들을 추려 책을 꾸렸습니다.

책의 주요 내용을 소개합니다.

제1부 우리들의 말
◦ 말을 배워 가는 아기의 놀라운 능력
◦ 말에 쓰이는 여러 소리와 음절
◦ 말을 기록하는 글의 역사와 종류

영어는 분명 유용한 언어입니다.

영어를 잘하면 일생에 도움이 많이 됩니다. 그러므로 부모들은 자녀들이 이런 재주를 갖길 원합니다. 자녀들의 영어 교육이 빨라지는 건 어쩌면 당연한 추세이지요. 하지만 언제, 어떻게 가르쳐야 하는가에 대해서는 많은 의견이 있습니다. 결국 아이의 상황과 특성을 고려하여 부모가 주도적으로 결정해야 합니다.

부모님이 자녀의 영어 교육에 대한 개념을 정리하는 데 이 책이 다소나마 도움이 될 수 있기를 희망합니다. 영어 교육의 핵심에 대한 부모님의 생각이 분명하다면, 실제 교육 현장에서 일어나는 여러 학습 활동들에 대한 판단을 쉽게 내릴 수 있을 것입니다.

여러 일로 바쁜 독자들이 쉬엄쉬엄 편하게 읽어 가실 수 있도록 가능한 한 쉽고 간단하게 설명하고자 했습니다. 그래야 수많은 전문 서적 중에 이 책이 하나 더해지는 우愚를 피할 수 있으니 말입니다.

아무쪼록 이 범작이 많은 분들에게 즐거움과 도움이 되기를 바랍니다.

2016년 2월
지은이 이문상

PART 03. 영어의 특징

PART 01.

우리들의 말

CHAPTER 01

말을 배우는 것은 선천적

01 아이가 말 배우는 것은 정말 신기해

아이가 말을 배워 가는 과정을 유심히 살펴보면 다음과 같은 현상들을 볼 수 있습니다.

아이는 전에 한 번도 말해 본 적이 없는 문장들을 말한다.

아이는 전에 한 번도 들어 본 적이 없는 문장들을 이해한다.

아이는 말의 규칙들을 결합하여 말을 창조적으로 사용한다.

아무도 아이에게 말의 규칙들을 가르치지 않는다.

아이가 말을 배우는 과정은 참으로 놀랍습니다. 아이는 말의 수많은 규칙들, 말소리에 관한 규칙, 단어에 관한 규칙, 문장 구조에 관한 규칙, 문장의 뜻을 규정하는 규칙…… 한도 끝도 없을 이 모든 규칙들을 엄마 아빠가 가르쳐 주지도 않는데 저 혼자 익힙니다. 그리고는 자신의 생각이나 느낌을 표현하는 데 창조적으로 사용합니다. 자기가 한 번도 들어 본 적이 없는 문장들을 거침없이 말하는 거죠.

아이가 듣는 말의 양이나 질이 사실 그리 좋은 것도 아닙니다. 어른들은 혀를 차면서 말하거나, 말을 잘못 시작하거나, 때로는 앞뒤가 맞지 않는 문장들을 아이에게 말합니다. 하지만 아무도 어느 말이 맞고 어느 말이 틀린 건지 아이에게 알려 주지 않습니다. 이런 열악한 환경에도 불구하고 아이는 별 문제 없이 말을 배웁니다. 아니 말의 규칙들을 이미 알고 있는 것 같습니다.

02 아이는 말을 '배우지' 않는다

오랫동안 사람들은 말은 '배우는' 것이라고 생각해 왔습니다. 구구단을 '배워서' 알게 되는 것처럼 말이죠. 태어날 때 아이의 정신은 아무 것도 쓰여 있지 않은 빈 칠판과 같은데, 아이가 말의 규칙들을 '배워서' 그 빈 칠판을 메꾸어 가는 것으로 생각했습니다.

그런데 노암 촘스키(Noam Chomsky) 같은 학자들이 이런 생각에 반대하며 전혀 새로운 견해를 제시했습니다. 이분의 주장은, 아이는 말을 단순히 '배워서' 하는 것이 아니라는 겁니다. 사람은 말을 획득할 수 있는 자질과 말을 어떻게 구사하는가에 대한 감각을 이미 가지고 태어난다는 것이죠. 그러므로 아이는 후천적인 학습을 통해서만 말을 배우는 것이 아닙니다. 선천적으로 구비된 언어 획득 역량과 태어나서 겪는 언어 경험이 활발한 상호작용을 하면서 말을 배운다는 것입니다. 아이가 말을 배워 가는 것을 보면 이분의 주장이 맞는 것 같습니다.

03 아이가 말에 나타내는 동일한 경향

1) 아이는 선천적으로 말을 중시하는 경향이 있다

아이는 태어나서 1개월만 되면 주위 사람이 하는 말소리를 다른 어느 소리보다 좋아하는 경향을 보입니다. 아이에게는 어느 말이 쉽고 어렵고가 없습니다. 어느 언어든 아이는 거의 비슷한 속도로 배웁니다. 아이가 일어서고, 걷기를 배우도록 프로그래밍 되어 있는 것처럼, 말도 배우도록 이미 두뇌에 프로그래밍 되어 있는 것 같습니다.

아이가 다섯 살이 될 때까지는 말을 배우는 능력이 워낙 뛰어나서 두 개의 언어도 동시에 익힐 수 있습니다. 예를 들어 아이 엄마는 한국인, 아버지는 미국인일 경우 아이가 두 언어에 비슷한 정도로 노출되면 아이는 문장 구조나 발음이 전혀 다른데도 우리말과 영어를 헷갈리지 않고 능숙하게 구사할 수 있다는 것입니다.

2) 모든 아이는 말을 거의 동일한 과정으로 배워 간다

아이는 어느 말을 배우든 먼저 간단한 단음절 단어를 말하는 것으로 시작해서, 간단한 문장을 말하다가 점차적으로 복잡한 문장으로 나아갑니다. 아이들이 옹알이하는 것도 비슷하다고 하는군요. 미국 볼티모어 시에 있는 케네디 연구소가 1984년에 한 연구 보고를 발표했는데요. 연구자들이 아랍어, 영어, 중국어, 스페인어, 노르웨이어와 같이 서로 다른 언어 환경에 있는 아이들을 조사했습니다. 그들은 아이들 모두 말을 시작하기 4개월에서 6개월쯤 전에 같은 소리를 내면서 옹알이한다는 사실을 발견했습니다.

아이들의 초기 말소리는 주로 ㅁ[m], ㅂ[b], ㄷ[d], ㅋ[k]입니다. 그리고 이 소리들은 세계 거의 모든 언어에서 사용되는 소리들입니다. ㅁ[m], ㅂ[b], ㄷ[d], ㅋ[k] 소리는 사람이 쉽게 발음할 수 있는 소리들이지요. 영어의 경우에도 아이들은 [m], [b], [d] 소리를 먼저 익힙니다. 그리고 보면 아이가 처음 하는 말이 '맘마'[mama]라는 것도 이상할 게 없습니다.

04 아이는 문장을 창조한다

어른들은 아이에게 말할 때 대부분 응석을 받아 주는 투로 간단히 말합니다. 그런데 이런 식으로 말하는 것은 말을 배우는 아이에게는 좋은 방법이 아닙니다. 하지만 아이는 아랑곳하지 않고 말을 배웁니다. 말을 배워 가면서 아이는 자기가 하는 말을 규칙에 맞추려는 경향을 보입니다.

그래서 영어의 경우 시제 변화가 불규칙한 동사를 아이는 스스로 규칙에 맞추어 바꿔 말하기도 합니다.

예를 들면,

Mom goed to the market.

(go-went → go-goed)

I eated the ice-cream.

(eat-ate → eat-eated)

더 흥미로운 것은, 한 조사 결과에 의하면 엄마가 아이에게 하는 말의 3분의 2가 명령문이거나 의문문이고 3분의 1만이 평서문이라고 합니다. 그런데 아이가 하는 말은 거의 전부가 평서문입니다. 문장 구조를 익히는 면에서도 아이는 대단한 학습 능력을 가지고 있는 것 같습니다. 재미있는 현상을 하나 더 말씀드리면, 아이가 하는 첫 문장은 대개 부정 표현이랍니다. 수긍이 되시나요? 아이들은 "싫어!" 소리를 정말 많이 하는 것 같습니다.

05 수화를 익히는 과정도 말을 배우는 것과 비슷하다

소리를 듣지 못하는 청각장애인이 수화를 배우는 걸 살펴보면, 사람에게 말을 배우는 선천적인 능력이 있다는 확실한 증거를 얻을 수 있습니다. 장애가 있어 사람의 말소리를 들을 수 없는 아이는 음성 언어를 배울 수가 없습니다. 하지만 장애 아이가 수화를 하는 부모와 함께 지내면 자연스레 수화를 익히게 되는데, 수화를 배워 가는 과정이 정상 아이가 말을 배우는 과정과 동일하다고 합니다.

수화는 소리 대신에 손과 얼굴 표정, 몸짓으로 의사를 주고받는 언어죠. 수화도 하나의 온전한 언어입니다. 수화를 하는 사람들도 새로운 문장을 무한정 만들어 가며 자유롭게 의사소통을 합니다. 모든 인간이 언어를 익히고 구사할 수 있다면, 그 언어를 대체하는 수단으로 수화가 존재하는 것은 당연한 일입니다.

수화를 말 배우듯 배우고 자유자재로 사용하는 걸 보면, 사람은 단순히 소리를 듣고 말하는 능력에만 의존하여 말을 배우는 것이 아니라는 걸 알 수 있습니다. 아이에게 선천적으로 내재되어 있는 언어 획득 능력과 아이의 언어 경험(그것이 말이든 수화든)이 융합되어, 아이가 말을 창조적으로 할 수 있게 되는 것 같습니다.

CHAPTER 02

말을 담당하는 인간의 두뇌는 어디?

01 브로카와 베르니케의 발견

1861년에 프랑스의 정신신경과 의사 브로카(Paul Broca)는 언어 기능과 사람의 왼쪽 뇌가 상호 관련을 가지고 있다고 주장했습니다. 사람의 왼쪽 뇌세포가 파괴된 사람에게서는 실어증이 나타나는데, 오른쪽의 같은 부위가 파괴된 사람의 경우에는 실어증이 나타나지 않은 것을 확인하고 이러한 주장을 했습니다. 브로카가 확인한 왼쪽 뇌 부위를 그의 이름을 따서 '브로카 영역'이라고 부릅니다. 그리고 왼쪽 뇌의 '브로카 영역'이 손상되어 발생하는 실어증을 '브로카 실어증'이라고 합니다.

이로부터 몇 년 뒤, 1874년에 독일의 정신과 의사 베르니케(Carl Wernicke)가 또 다른 유형의 실어증에 대하여 발표했는데, 이 역시 왼쪽 뇌와 관련이 있었습니다. 베르니케가 발표한 실어증은 왼쪽 뇌의 뒷부분이 손상되어 발생하는 것으로 보고되었습니다. 이 왼쪽 뇌의 뒷부분을 이 의사의 이름을 따서 '베르니케 영역'이라고 부르고, 이 부위가 손상되어 나타나는 실어증을 '베르니케 실어증'이라고 합니다.

놀라운 사실은 청각장애인도 왼쪽 뇌에 손상을 입으면 정상인의 실어증 같은 수화 실어증이 나타난다는 것입니다. 한 과학자가 이를 연구했는데요. 왼쪽 뇌의 브로카영역에 손상을 입은 장애인에게 수화를 더듬거리고 수화가 문법적으로 맞지 않는 현상이 나타나는 것을 발견했습니다.

02 좌뇌와 우뇌를 연결하는 통로를 끊어 버린다면?

뇌는 인체를 대각으로 통제합니다. 우뇌는 인체의 왼편을 통제하고 좌뇌는 오른편을 통제합니다. 왼손이나 왼쪽 눈을 통해 전달되는 정보는 우뇌가 처리하고, 오른손이나 오른쪽 눈을 통해 전달되는 정보는 좌뇌가 처리하죠. 그래서 뇌졸중 환자의 경우 우뇌가 손상되면 왼쪽 팔이나 왼쪽 다리 기능에도 손상이 오는 것을 알 수 있습니다.

좌·우뇌는 중간에 양쪽 뇌를 연결하는 뇌량腦梁을 통해 서로 정보를 주고받으면서 정보를 통합합니다. 사람은 좌·우뇌가 통합한 정보에 따라 반응하거나 행동합니다. 그런데 매우 드문 경우로 간질을 앓는 사람을 치료하기 위해 이 뇌량腦梁을 제거하는 수술을 시행하기도 한답니다. 뇌량 제거 수술을 받으면 좌·우뇌를 연결하는 다리가 없어져서 좌·우뇌가 완전히 따로 기능합니다.

뇌량 제거 수술을 받은 사람들을 대상으로 과학자들이 실험을 했는데요. 실험 대상자의 두 눈을 가린 후, 그 사람의 왼손에 연필을 쥐어 주고 반응을 살피는 것이었습니다. 왼손에 연필을 쥔 사람은 그 연필을 가지고 뭔가를 쓰거나 그리기는 했는데, 그 물건이 연필이라는 말을 하지는 못했답니다. 다른 사람에게는 똑같이 눈을 가리고 오른손에 연필을 쥐어 주었더니, 그 사람은 그 물건이 연필이고 어떤 모양을 하고 있다고 바로 말로 묘사했다고 합니다.

이 실험을 통해 과학자들은 사람의 좌뇌가 언어 처리 기능을 수행하고 있다는 것을 확인할 수 있었습니다.

03 인간의 언어 능력은 좌뇌에 세팅된다

성인에게서 나타나는 좌뇌의 언어 처리 기능은 갓난아이의 경우에도 확인할 수 있습니다. 일단의 연구자들이 웃거나 옹알이를 하는 생후 5개월에서 12개월 된 아기들의 얼굴을 촬영해서 자세히 분석하는 연구를 진행했습니다. 아기가 미소를 지을 때는 입의 왼쪽이 좀 더 벌어졌고, 옹알이를 할 때는 오른쪽이 더 많이 벌어졌다고 합니다. 옹알이를 할 때 아기 입의 오른쪽이 더 많이 벌어졌다는 것은 왼쪽 뇌가 관여하고 있다는 증거라는 것이죠.

아예 직접적인 실험도 진행하였습니다. 생후 1주일 된 아기의 머리에 센서를 부착한 후 사람의 말을 들려주었더니 아기의 왼쪽 뇌가 더 강하게 반응을 보였고, 음악 소리를 들려주었더니 오른쪽 뇌가 더 강하게 반응을 보였다고 합니다.

이런 여러 실험을 통해서 알게 된 사실은 인간의 뇌는 좌우의 기능이 다르다는 점입니다. 우뇌는 시공간적인 정보 처리 능력에서 우수하고, 좌뇌는 언어와 계산 능력에서 우수합니다. 사람이 언어를 습득하고 처리하는 기능은 선천적으로 좌뇌에 자리 잡습니다.

04 피니아스 게이지의 놀라운 경험

뇌와 관련된 흥미로운 사건을 하나 소개하겠습니다.

1848년 9월 13일. 철도 건설 현장의 작업반장 피니아스 게이지(Phineas Gage)라는 사람이 미국 버몬트 주의 카벤디쉬 지역에 철로를 놓는 공사장에서 일하고 있었습니다. 그는 바위를 폭파하는 팀의 조장이었습니다. 당시 그의 나이는 26세. 그는 둥글고 기다란 쇠막대기를 가지고 다녔는데, 그 쇠막대기 한쪽 끝은 둥그스름했고 다른 한쪽은 송곳처럼 뾰족했습니다. 모양이 마치 커다란 쇠바늘같이 생긴 거죠.

폭파해야 할 바위에 한 팀원이 구멍을 내면, 다른 팀원은 그 구멍 안에 화약을 채워 넣습니다. 그러면 게이지는 가지고 다니는 쇠막대기의 뾰족한 끝으로 화약에 작은 구멍을 내고 그 안에 점화선을 심습니다. 그런 후 그 위로 모래와 흙을 채워 넣고 쇠막대기의 다른 둥근 끝으로 구멍을 꾹꾹 다지는 일을 했습니다.

게이지가 한 바위 구멍에 쇠막대기의 둥근 끝으로 모래와 흙을 다지려는데, 이런, 그 구멍에는 화약 위로 모래와 흙이 덮이지 않았습니다. 팀원의 실수였겠죠. 게이지가 그 구멍으로 막대기를 넣으려는 순간, 아뿔싸, 쇠막대기가 손에서 미끄러져서 화약이 채워져 있는 구멍으로 빨려 들어갔습니다. 쇠막대기가 들어가면서 구멍 안의 돌출된 부분과 부딪혀 스파크가 일어났고, 그 스파크가 화약을 점화시켰습니다. 화약은 순식간에 폭발했습니다. 게이지의 쇠막대기는 대포에서 발사된 대포알처럼 엄청난 속도로 구멍에서 솟구쳐 올라왔습니다. 그리고는 게이지의 왼쪽 광대뼈 바로 아래쪽으로 날아 들어와 입안 뒤쪽과 왼쪽 눈 뒷부분을 지나 머리 가운데 부분의 두개골을 부수고 날아가 버렸습니다. 너무 순식간에 일어난 일이라 주변 사람들은 물론 게이지 본인도 무슨 일을 당했는지 그 순간에는 알 수 없었답니다.

그런데 놀라운 사실은 그가 죽지 않았다는 점입니다. 쇠막대기가 머리를 관통해서 머리에 구멍이 뻥 뚫렸는데도 말이죠. 그는 전과 별 다름없이 정상적으로 말할 수 있었고 남의 말을 이해하는 데도 문제가 없었습니다. 지적인 능력도 그대로 유지했다고 합니다.

그런데 문제는 그의 성격이 바뀌기 시작했다는 것입니다. 쇠막대기가 두뇌를 관통한 사고를 당한 이후, 그는 신경질적이고 자기중심적인 사람으로 변했고, 매우 거친 욕을 서슴없이 하곤 했답니다. 그리고 감정을 억제하고 일을 계획하는 면에서 어려움을 겪었다고 합니다. 1860년 샌프란시스코에 있는 어머니 집에 머무는 중 그는 간질 발작을 일으켰습니다. 그 후 발작은 좀 더 자주, 그리고 정도도 점점 심하게 일어났죠. 결국 사건을 당한지 12년 후인 1860년 5월 21일에 사망했습니다.

게이지가 죽었을 때 그의 머리는 부검되지 않고 그대로 매장되었습니다. 그런데 게이지를 처음부터 치료했던 의사 존 할로우는 그의 뇌가 매우 중요한 자료라는 점을 깨달았습니다. 할로우는 게이지의 어머니를 찾아가, 게이지를 무덤에서 다시 파내어 그의 두개골을 과학 연구를 위해 특별히 보존해야 할 필요가 있다고 끈질기게 설득했습니다. 결국 어머니는 이에 동의했습니다.

드디어 그의 관이 무덤에서 올라와 뚜껑을 열었습니다. 구멍 난 그의 두개골이 몸에서 분리되었고, 하버드대 메디칼스쿨로 옮겨져 쇠막대기와 함께 보존되었습니다. 지금도 하버드대 메디칼스쿨에는 피니아스 게이지의 두개골과 두개골을 관통한 쇠막대기가 전시되어 있습니다.

피니아스 게이지의 두개골이 무덤에서 나온 지 거의 130년이 지난 후, 아이오와 의대의 한나 다마지오라는 신경학 박사가 첨단의 영상 조형 기술과 고성능 컴퓨터 프로그램을 이용해서 게이지 머리에 난 구멍을 재구성해냈습니다. 이 재구성된 게이지의 두뇌 영상을 근거로 다마지오 박사는 게이지 뇌의 손상된 부분이 행동이나 언어를 통제하는 부분이 아니라는 것을 밝혀냈습니다. 게이지가 사고를 당한 후에도 말과 행동이 정상이었던 이유가 밝혀진 것입니다.

더 나아가, 한나 다마지오 박사의 남편 안토니오 다마지오 박사와 그의 동료들은 게이지와 같은 뇌의 부분을 손상당한 사람들은 게이지처럼 언어나 지능 활동에는 이상이 없지만 성격이 변한다는 사실까지 발견하여 발표하였습니다. 게이지가 사고 후 성격이 충동적이고, 심한 욕을 거침없이 하는 사람으로 변하게 된 원인도 밝혀진 것입니다.

06 인간의 뇌에 관해 밝혀진 사실을 요약하면

인간의 가장 신비로운 영역인 뇌에 관한 연구가 근래에 폭발적으로 증가하고 비약적인 발전을 거듭하고 있습니다. 이로 인해 인간의 뇌에 대한 종래의 생각들이 최근에 알게 된 사실과 많이 다르다는 것이 밝혀졌습니다. 현재까지 확인된 인간의 뇌에 관한 사실을 간단히 정리하면 다음과 같습니다.

1) 뇌의 큰 구도는 유전적으로 사전에 세팅되어 있다.

2) 세세한 부위별 기능은 개인의 환경과 경험에 따라 각각 다르게 발달한다.

3) 사람이 성인이 된 뒤에도 뇌세포는 계속 새롭게 만들어진다.

4) 인간의 다른 신체 부위와 마찬가지로 뇌도 사용하지 않으면 퇴화한다.

CHAPTER 03

사람이 말할 때 쓰는 소리들의 특징

01 사람이 말을 알고 있다는 의미는?

사람이 하나의 언어를 알고 있다는 것을 소리에 초점을 맞추어 정의하자면, 이렇게 정의할 수 있을 겁니다.

1) 어느 소리가 언어적으로 의미가 있고 어느 소리는 의미가 없는지 판단할 수 있다.

2) 언어적으로 의미가 있는 소리들이 실은 서로 다른 소리인데도 같은 소리라고 판단한다.

조금 어려운가요? 그럼 예를 들어 보겠습니다.

제가 출근을 했더니 동료 여직원이 저에게 말합니다.

"안녕[콜록콜록]하세요?"

저는 그녀의 기침 소리는 무시하고 저에게 '안녕하세요?'라고 인사한 것으로 이해합니다.

이 말은 여직원이 낸 기침 소리를 포함한 여러 소리들 중에서 '안녕하세요?'라는 문장을 구성하는 소리만 언어적으로 의미 있는 소리로 인식했다는 뜻입니다.

다른 남자 직원이 또 저에게 다가와서 인사를 합니다.

"안녕하세요?"

소리만 가지고 말하자면, 남자 직원의 '안녕하세요?' 소리는 여직원의 '안녕하세요?' 소리와 많이 다릅니다. 남자 직원 목소리는 여직원 목소리보다 음도가 낮고, 천천히 말을 합니다. 하지만 저는 두 사람이 말하는 소리의 높낮이나 속도, 그리고 각각의 독특한 말버릇들을 다 무시하고 두 사람 모두 저에게 '안녕하세요?'라는 동일한 소리를 냈다고 받아들입니다. 저와 제 직장 동료 두 사람 모두는 우리말을 제대로 알고 있는 겁니다.

02 사람이 말할 때 쓰는 소리는 다양하다

사람은 말을 하는 도중에 기침을 하거나, 입맛을 다시거나, 혀를 차는 소리를 낼 수 있지만 이런 소리들은 우리말의 단어를 이루는 소리가 아닙니다. 그러므로 우리는 이런 소리들을 무시해 버립니다.

그런데 아프리카 대륙에는 혀 차는 소리를 말소리로 사용하는 언어들이 있다고 합니다. 사람은 말할 때 폐로부터 공기를 몸 밖으로 내보내면서 말하는데, 이 '츳츳'하는 혀 차는 소리는 공기를 입안으로 들이쉬면서 내는 소리입니다. 그러니 들이쉬면서 내는 소리와 내쉬면서 내는 소리를 연이어서 말하는 것이 엄청 어려울 것 같습니다. 하지만 이 혀 차는 소리를 자기네 말에 사용하는 사람들은 이 소리를 다른 소리들과 섞어서 말하는 데 전혀 어려움을 느끼지 않을 겁니다. 이처럼 각양각색의 소리가 사람의 언어에 사용됩니다.

03 음소(phoneme)란 무엇인가?

사람의 말소리를 얘기할 때 흔히 음소音素라는 표현을 많이 씁니다. 그러면 음소란 무엇일까요? 음소는, 한 언어에서 그 언어를 사용하는 사람들에 의해 하나의 언어적인 소리라고 인식되는 상호 비슷한 여러 소리들을 가리킵니다. 다시 말하면 음소는 하나의 소리를 가리키는 것이 아니라, 실제로는 조금씩 차이가 있는 여러 소리들을 하나의 소리라고 판단하는 사람의 인식 속에 있는 소리입니다. 하나의 음소에 포함되는 서로 비슷한 각각의 소리는 이음異音이라고 합니다.

영어를 예로 들어 보겠습니다.

ten, stop, matter

ten의 [t]

stop의 [t]

matter의 [t]

세 단어의 t[t] 소리는 서로 다릅니다. 하지만 영어를 하는 사람들은 서로 다른 이 세 소리들을 하나의 음소로 인식합니다.

예를 하나 더 들겠습니다.

bite, hide, tile

bite의 [i]

hide의 [i]

tile의 [i]

세 단어의 [i] 소리 역시 서로 다릅니다. 유심히 들어 보면 차이를 느낄 수 있습니다. 그러나 세 소리 모두 하나의 음소입니다.

엄밀하게 말하면, 음소 /t/와 /i/의 고유한 소리는 없습니다. 각기 다른 세 [t]

소리, 세 [i] 소리가 모두 /t/와 /i/의 소리인 것입니다.

그러므로 음소는 자기의 고유한 소리가 있는 것이 아니라, 그 음소의 범주 안에 있는 여러 비슷한 소리들의 집합체라고 말할 수 있습니다. 각각 다른 세 소리들은 /t/와 /i/의 이음들입니다.

04 언어마다 사용되는 음소는 다르다

사람의 언어는 언어마다 독특한 음소 체계를 가지고 있습니다. 두 개의 소리가 어느 언어에서는 서로 다른 음소일 수 있지만, 다른 언어에서는 그 두 소리가 한 음소의 이음일 수 있습니다.

설명하기 좋은 예로 [b]와 [v] 소리가 있습니다. 영어에서 [b]와 [v]는 엄연히 서로 다른 별개의 음소입니다. 그런데 우리말에서 [b]와 [v] 두 소리는 우리말 철자 'ㅂ'이 나타내는 음소의 이음들입니다. 우리말은 [b]와 [v]를 구별하지 않는 것이죠.

[l]과 [r] 소리도 마찬가지입니다. 영어에서 [l]과 [r] 소리는 각각 별개의 음소입니다. 하지만 우리말에서는 [l]과 [r] 모두 'ㄹ'의 이음들입니다. 그렇기 때문에 우리가 영어를 배울 때 [b]와 [v], [l]과 [r] 소리를 서로 구별하여 듣거나 말하기가 쉽지 않습니다.

음소를 크게 나누면 자음과 모음으로 분류할 수 있습니다.

1) 자음

자음은 공기가 폐에서 나와 입과 코를 지날 때 어떤 방식으로든 그 흐름이 방해를 받거나 막히는 과정을 겪으면서 나는 소리를 말합니다. 그래서 자음을 닫힌 소리라고 하죠. 이 말은 공기의 흐름이 자유롭지 않다는 의미입니다. 그리고 같은 곳에서 같은 방식으로 소리가 나도 성대가 울리는지 그 여부에 따라 유성자음과 무성자음으로 나뉩니다.

자음은 크게 세 요소를 가지고 구별합니다.

(1) 공기의 흐름이 방해를 받는 장소: 양순, 순치, 치간, 치경, 구개, 연구개, 성문

(2) 공기의 흐름이 방해를 받는 방식: 파열, 마찰, 파찰, 유음, 반모음, 비음

(3) 목 안의 성대가 울리는 가의 여부: 유성음, 무성음

한문을 써서 표현한 것이라 좀 어렵게 느껴지지만 실은 그리 어렵지 않습니다.

2) 모음

모음은 소리를 낼 때 공기의 흐름이 방해를 받지 않습니다. 공기의 흐름이 방해받지 않기 때문에 소리의 특성을 유지한 채 오래도록 소리를 낼 수 있습니다. 그래서 모음을 열린 소리라고 합니다. 그리고 모음은 성대가 진동하는 유성음이기 때문에 성대의 긴장도와 공기의 세기를 조절하여 소리의 높낮이와 셈여림을 조절할 수 있습니다. 우리가 노래할 때 음표의 길이와 위치에 따라 길거나 짧게, 또는 높거나 낮게 내는 소리가 바로 모음입니다. 모음 소리 없이는 노래를 부를 수 없습니다. 모음은 노래하는 소리입니다.

모음도 크게 세 요소로 구별합니다. 공기가 지날 때,

(1) 혀의 위치는 얼마나 높은가?

(2) 혀의 어느 부분이 올라가거나 내려가는가?

(3) 입술의 모양은 어떠한가?

모음 소리는 소리 나는 부분이 서로 접촉하거나 아니면 서로 아주 가까이 위치한다는 느낌이 오질 않습니다. 그래서 어떤 음성학자는 대학에서 공부할 때, 모음 소리를 설명하는 '전설모음', '후설모음' 또는 '고음', '저음' 등의 표현이 도대체 감이 잡히질 않아서 음성학 공부를 집어치울까 하는 생각까지 했다고 합니다.

'전설모음', '후설모음' 등이 감이 오지 않는 이유는, 모음은 공기의 흐름이 자유로운 열린 소리이므로 소리가 나는 입안의 부위가 서로 접촉하는 느낌이 없기 때문입니다. 그러니 모음 소리가 어디에서 나는지 감이 '팍팍' 오지 않는 것이죠.

06 유성음과 무성음의 차이

폐로부터 나온 공기가 성대를 지날 때 성대가 벽에 달라붙어 있어 공기 흐름이 방해받지 않으면 공기는 아무런 저항 없이 성대를 지나 입으로 올라옵니다. 이렇게 성대가 떨리지 않고 나는 소리를 무성음이라고 합니다.

그런데 짝을 이루고 있는 성대 힘줄이 새가 날개를 펼친 것처럼 활짝 늘어나서 공기 길을 거의 막아 버리면, 공기가 성대 사이를 비집고 지나갈 때 이 띠가 부르르 떨게 됩니다. 이처럼 성대가 떨면서 나는 소리가 유성음입니다.

유성음과 무성음의 차이를 느끼고 싶으면 손가락을 목 앞쪽의 불룩 튀어나온 '아담의 사과'에 대고 '즈-[z-]' 소리와 '스-[s-]' 소리를 번갈아 내 보세요. '즈-' 소리를 낼 때는 성대가 펼쳐져 긴장되는 것과 그 펼쳐진 날개의 진동이 손가락에 전달되는 것이 느껴지죠? 그런데 '스-' 소리는 아무런 긴장감이나 떨림이 없는 것을 알 수 있습니다.

말할 때 성대가 울려야만 소리의 고저 강약이 나타납니다. 성문 양쪽에 붙어 있는 성대가 팽팽하게 긴장되어 활짝 펼쳐지면 성대 사이에 공간이 없습니다. 이렇게 되면 공기는 펼쳐진 성대 사이로 공간을 억지로 만들며 어렵게 지나갑니다. 이때 성대가 빠른 속도로 떨게 됩니다. 이렇게 나는 소리가 높은 소리입니다.

한편 성대가 긴장을 느슨하게 하면 성대가 덜 펼쳐집니다. 공기의 흐름이 덜 막히게 되고 따라서 성대가 떠는 횟수도 적어져 낮은 소리가 납니다. 소리가 크냐 작냐 하는 소리의 세기는 성대를 지나는 공기의 양에 달려 있습니다. 공기가 많이 지나가면 성대가 강하게 떨려 큰 소리, 적게 지나가면 약하게 떨려 작은 소리가 납니다.

흥미로운 점은, 남이 듣지 못하게 하려고 옆 사람의 귀에 대고 소곤소곤 속삭일 때 내는 소리는 모두 성대가 울리지 않는 무성음입니다. 속삭이는 소리를 크게 말하려고 해 보세요. 아무리 크게 하려고 해도 쉰 소리만 나올 뿐, 소리가 커지질 않죠. 그 이유는 성대가 울리지 않기 때문입니다.

07 사람의 목소리는 아주 경이롭다

성대가 진동하면서 내는 인간의 목소리야말로 지구상의 생명체가 낼 수 있는 가장 아름답고 오묘한 소리입니다. 사람이 만든 어떤 악기도 사람의 목소리에 비할 수 없습니다. 목소리를 잘 발달시키고 훈련시키면 3옥타브나 되는 음역을 오르내리며 노래를 부를 수 있습니다.

목소리를 통해 나타내는 사람의 느낌과 감정도 정말 다양합니다. 사랑을 속삭이는 연인들의 부드럽고 따뜻한 솜사탕 같은 소리, 거칠고 험악한 증오와 분노의 소리, 환희와 격정의 뜨끈뜨끈한 소리, 냉혹하고 비정한 얼음장 같은 소리 등, 인간의 목소리는 말 그대로 경이로움 그 자체입니다.

08 음절音節의 주인은 모음

사람이 말을 하는 과정을 찬찬히 살펴보세요. 우선 말소리를 내기 전에 숨을 들이쉽니다. 그런 다음 숨을 천천히 내쉬면서 말을 하죠. 숨을 내쉬는 과정이 발성의 핵심입니다. 공기를 내쉬면서 얼굴과 입, 목의 근육들을 다양하게 움직입니다. 성대를 움직이는 근육은 성대의 두 띠를 팽팽하게 펼쳐 공기가 통과하는 공간을 좁게 만듭니다. 그러면 공기가 성대의 두 띠 사이를 지나면서 이 띠를 떨게 합니다. 그러다 성대의 긴장을 풀면 성대가 성문 벽에 달라붙습니다. 그러면 공기는 성대의 방해를 받지 않고 바로 지나쳐 입과 코의 뒤쪽으로 올라옵니다.

이와 같이 마주 보는 성대가 긴장했다 풀렸다 하면서 공기의 흐름에 마디를 만듭니다. 바로 이 마디가 음절입니다. 공기가 지날 때 성대가 팽팽하게 긴장되어 부르르 떨다가 성대의 긴장이 풀려 떨지 않게 되기까지가 한 음절입니다.

모음을 음절의 핵심이라고 하는 이유가 바로 여기에 있습니다. 모음은 유성음입니다. 모음 소리를 내려면 공기가 지날 때 성대가 떨어야 합니다. 모음 소리를 그치면 성대는 긴장을 풀고 성문 벽에 붙어 쉽니다. 그러다 모음 소리를 내면 성대는 다시 팽팽해집니다. 모음 소리가 끝나면 성대는 긴장을 풀고 쉽니다. 이처럼 모음을 중심으로 두 성대 띠가 팽팽해졌다 풀렸다를 반복하면서 마디를 만들므로, 소리마디의 주인은 모음입니다.

09 음절에서 자음은 군식구

자음은 공기의 흐름이 방해를 받거나 막혀서 나는 소리이기 때문에 대개의 경우 소리의 특성을 그대로 유지하면서 지속적으로 소리를 낼 수 없습니다. 물론 '스[s]' 소리나 '즈[z]' 소리, 또는 콧소리 자음[m, n, ŋ] 소리는 지속적으로 낼 수 있습니다. 하지만 소리의 높낮이와 크기는 조절할 수가 없습니다. 그러므로 모음이 되지 못합니다.

따라서 자음은 항상 모음의 앞뒤에 붙어서 발음됩니다. 우리말도 마찬가지입니다. 우리말은 각각의 낱말이 하나의 음절입니다. 여기 인쇄되어 있는 글을 살펴보세요. 각각의 낱말에는 어김없이 모음이 하나씩 있습니다. 그리고 그 모음 앞뒤로 자음이 붙어 있죠. 우리말의 특징은 모음 앞이나 뒤로 자음이 하나만 온다는 것입니다. 모음 뒤에 받침으로 자음군이 올 수 있지만, 발음은 하나만 합니다. 나머지 자음은 대개 다음 음절의 첫소리로 넘어갑니다. 그리고 자음 없이 모음 혼자 낱말을 이루는 경우도 많습니다. 하지만 자음은 저 혼자 음절을 만들지 못합니다.

영어의 경우에는 우리말과 달리 두세 자음이 뭉쳐서 모음 앞뒤에 붙는 경우가 많습니다. 하지만 자음은 아무리 많이 와도 음절에 영향을 주지 못합니다. 음절의 입장에서 보면 자음은 모음에 딸린 군식구일 뿐입니다.

10 자음, 모음은 매우 적절한 표현

자음子音, 모음母音. 두 소리의 성격과 상관관계를 엄마와 자녀로 이름 지은 것은 참으로 적절한 표현입니다. 음절의 주인인 모음은 엄마처럼 가정의 중심입니다. 자음은 모음의 자식들입니다. 한 집에 자식들이 여러 명 있을 수 있는 것처럼 여러 개의 자음이 모음 앞뒤에 연속적으로 붙을 수 있습니다. 하지만 모음이 하나면 한 식구입니다. 자음이 많은 대가족 음절이 된 것뿐입니다.

다음 단어를 볼까요?

sprint

이 단어의 모음은 가운데 [i] 하나입니다. 그런데 자음은 모음 앞에 3개([s],

[p], [r]), 뒤에 2개([n], [t]), 합쳐서 5개나 왔군요. 엄마인 모음 하나에 자식들이 앞뒤로 5개나 붙어 있습니다. 엄청난 대가족 음절입니다. 하지만 이 단어는 1음절 단어입니다.

그런데 이런 단어도 있습니다.

piano = pi·an·o

piano는 sprint보다 철자가 하나 더 적은데 음절은 자그마치 3개나 됩니다.

첫음절과 둘째 음절 모두 모음에 자음이 한 개씩만 왔습니다. 셋째 음절은 아예 자음 없이 모음 저 혼자 음절을 이루고 있습니다. 일인 가족 음절이군요.

자식들은 엄마가 없으면, 거 참 너무 측은합니다. 그런데 엄마는 혼자서도 꿋꿋하게 잘 살아갑니다. 자음은 아무리 많이 와도 모음에 붙어 있어야 합니다. 하지만 모음은 자음 없어도 저 혼자 당당히 음절을 만듭니다.

성대를 위에서 보면 –

말할 때

숨쉴 때

문자는 어떻게 생겨나게 되었나

01 상형문자에서 설형문자로

발성과 동시에 허공으로 사라지는 사람의 말을 잡아 둘 수 있는 방법은 없을까? 이 고민의 결과물이 바로 글입니다. 인간이 글을 처음으로 고안해낸 건 지금부터 약 오천 년 전쯤이라고 합니다.

최초의 글은 사물과 의미를 직접 표기하는 상형象形문자 또는 표의表意문자의 형태로 등장했는데, 중국과 메소포타미아의 수메르 지역에서 거의 동시에 등장했습니다. 메소포타미아의 수메르인들이 글을 발전시키는 데 혁명적인 기여를 하게 됩니다. 사람이 말하는 소리를 잘게 나눈 다음, 각 소리에 부호를 붙여 소리 자체를 표기하려고 했거든요.

수메르 사람들은 상형문자에서 발전한 설형楔形문자를 고안했는데, 설형문자는 모양이 나무못인 쐐기와 비슷해서 붙여진 이름입니다. 설楔자가 나무못이라는 뜻이죠. 이 쐐기문자는 상형문자를 변형시켜 만들어낸 일정한 모양의 부호입니다. 이 쐐기문자가 수메르족을 정복한 아시리아 사람들과 페르시아 사람들에게 전파되었습니다. 그런데 이 쐐기 부호가 다른 민족에게 전파될 때 음절을 나타내는 부호로 사용되었습니다. 이로써 음절을 표기하는 음절문자가 탄생하게 되었고, 이 단계에서 발전하여 음소를 표기하는 방식으로 문자가 진화했습니다.

02 음소를 문자로 기록하다

고대 이집트에서 사용된 문자 역시 수메르 사람들의 설형문자가 전해져 발전된 것이라고 합니다. 이집트에서도 수메르인의 설형문자가 음절을 나타내는 부호로 사용되었습니다. 이집트 사람들과 수메르 사람들을 대상으로 장사를 하던 주변의 다른 부족들도 자신들의 말을 표기하기 위해 수메르인들의 쐐기문자를 사용하였습니다. 그 부족들 중에 지중해 동쪽 해안인 지금의 팔레스타인 지역에 살던 페니키아 사람들이 있었는데, 이 사람들이 기원전 1500년쯤 자기네 말을 이루는 22개의 음절과 몇 개의 자음을 표기하는 부호를 고안하여 사용하기에 이르렀습니다.

이 페니키아 사람들과 무역을 하던 희랍 사람들이 기원전 1000년경에 페니키아 사람들의 부호를 가져다 자기네 말을 기록하는 부호로 사용하려고 했습니다. 그런데 페니키아 사람들의 부호가 자기네 말과 잘 맞지 않는다는 것을 알게 되었습니다. 희랍 사람들은 새로운 방법을 고안해냈는데, 그것이 바로 음절을 분해해서 음절의 자음과 모음을 표기하는 방법이었습니다. 그리스 사람들은 페니키아 사람들의 철자 모양을 바꾸고, 새로운 부호를 추가하여 드디어 고대 희랍 문자 체계를 만들어냈습니다. 이렇게 말소리의 가장 작은 단위인 음소에 부호를 부여하고, 그 부호로 말을 기록하는 음소문자 시스템이 만들어지게 된 것입니다.

03 로마 문자가 만들어지다

이 고대 희랍 문자가 주변 나라들에 전파되었습니다. 그중의 하나가 로마 북부 지역에 살던 에트루리아 사람들이었습니다. 이들은 대략 기원전 9세기나 8세기쯤에 희랍문자를 받아들인 것으로 추정됩니다. 하지만 정확하게 언제, 어디에서였는가에 대해서는 지금도 논란이 있다고 합니다. 아무튼 이 에트루리아 사람들이 이탈리아 반도 북쪽에 정착하게 되는데, 그때가 기원전 800년경이었습니다. 세월이 가면서 이 에트루리아 사람들의 문자가 이탈리아 반도 남쪽으로 퍼져 나갔는데, 당시 작은 도시국가였던 로마도 에트루리아 문자를 받아들였습니다.

로마가 에트루리아 문자를 받아들인 시기는 기원전 7세기경이라고 합니다. 로마인들은 에트루리아 문자와 희랍 문자를 세련되게 고치고 발전시켜 자기네 말인 라틴어를 표기하는 문자로 정립했습니다. 드디어 로마 문자가 만들어진 것입니다. 이 로마 문자가 로마제국의 확장과 더불어 유럽 대륙과 영국 섬으로 퍼져 나가게 되었습니다.

04 로마 문자의 진화 연대표

로마 문자가 현재에 이르기까지 진화해 온 과정을 간단히 분류하면 다음과 같습니다.

3000 B.C.E.: 상형문자. 수메르 사람들의 쐐기 문자

1500 B.C.E.: 페니키아 사람들의 음절 문자

1000 B.C.E.: 고대 그리스 사람들이 페니키아 사람들의 문자를 도입

750 B.C.E.: 에트루리아 사람들이 그리스 문자를 차용함

500 B.C.E.: 로마인들이 에트루리아 문자와 그리스 문자의 일부를 라틴어 문자로 사용

500 A.D.: 영국 섬에 살던 사람들이 자기네 말을 기록하기 위하여 라틴 문자를 사용

○ 그 이후 몇 개의 새로운 철자가 영어 알파벳에 추가됨

05 영어 알파벳은 로마 문자 진화 과정의 종점?

영어 알파벳도 바로 이 라틴어 문자에서 변화·발전한 것입니다. 따라서 영어 알파벳은 인간이 수천 년에 걸쳐 발전시켜 온 문자 체계 진화 과정의 현 단계에서의 최종 작품이라고 할 수 있습니다. 하지만 사람의 말이 변하는 것처럼, 말을 기록하는 문자 체계 역시 어떤 변화를 겪을지 아무도 알 수 없습니다. 현재 우리가 배우고 있는 영어의 알파벳 역시 변화 과정 중에 있다고 할 수 있습니다.

음소를 표기하는 부호를 우리말로는 철자라고 하고, 영어로는 알파벳이라고 하죠. alphabet은 바로 그리스 문자의 첫째와 둘째 철자 이름 alpha와 beta를 합쳐서 만든 것입니다. alpha + beta = alphabet. 철자를 뜻하는 영어 단어가 로마 문자의 기원에 대한 단서를 제공하는 셈입니다.

06 뜻을 나타내는 글자 - 중국의 한자

음소를 표기하는 쓰기 체계와는 매우 다른 방식의 문자 체계가 현재에도 존재하는데 그게 바로 중국의 한자입니다. 중국의 한자 역시 고대 상형문자에서 변화·발전했습니다. 중국의 한자는 외부의 영향을 거의 받지 않은 채 3,500년 간

에 걸쳐 독자적으로 발전했습니다. 한자는 사물이나 생각을 직접 표현하는 글자이기 때문에 글자 하나하나가 온전한 의미를 가지는 독립된 단어입니다.

그렇다고 한자가 뜻만 나타내는 것은 아닙니다. 한자를 어떻게 읽을 건지에 대한 표시가 없으면 한자를 읽는 방식이 제각각이 되어 의사소통이 불가능해집니다. 그래서 한자는 뜻을 나타내는 부분과 소리를 나타내는 부분으로 구성되어 있습니다. 이 둘이 합쳐져서 하나의 글자가 완성됩니다. 한자로 의사소통이 되려면 이 두 부분이 통일되어 있어야 합니다.

하지만 진시황이 중국을 통일하기 전에는 한자가 나라나 지방별로 모양이 달랐습니다. 우선 자기네 방언으로 읽으려니 소리를 나타내는 부분의 표기가 달랐을 겁니다. 그리고 뜻을 나타내는 부분도 모양이 다른 경우가 많았습니다. 이렇게 방언에 따라 글자가 달라지는 것은 당연한 현상입니다. 그래야 글이 말을 제대로 표기할 수 있으니까요.

기원전 221년, 중국 통일을 완수한 진시황은 강력한 중앙집권국가를 건설하려고 팔을 걷어붙입니다. 그래서 지방별로 제각각이었던 모든 것들을 단일화해 버립니다. 그 단일화 대상에 한자도 포함된 것이죠. 전국을 중앙에서 통제하려는데 글이 제각각이니 명령 전달이나 의사소통이 안 되는 겁니다. 그래서 '문자통일' 정책을 추진하지요. 그 일을 실행에 옮긴 사람이 바로 책략가 이사李斯였습니다. 이사는 한자의 모양을 간소화하고 하나로 만드는 일을 단행합니다.

07 한자가 중국을 하나로 묶다

이사가 통일시킨 한자는 이후 중국 한자의 표준이 됩니다. 이때 정리된 한자는 더 이상 흐트러지지 않고 기본 형태를 그대로 유지한 채 현재에까지 이릅니다. 이렇게 한자가 통일된 덕에 중국은 말로는 아니어도 글로는 의사소통이 가능하게 되었습니다.

중국 한자의 기능을 아라비아 숫자에 빗대어 설명할 수 있습니다. 아라비아 숫자 '5'를 읽는 방식은 언어마다 다르죠. 우리는 '다섯'이라고 읽고, 영어는 'five', 일본은 '고'라고 읽습니다. 하지만 '5'라는 부호가 나타내는 뜻은 모두에게 동일합니다. 마찬가지로 중국에서 '쌀'이라는 뜻의 말은 방언마다 다르겠지만, 글로는 어디에서나 '米'입니다. 그러니까 중국 사람들은 말과 상관없이 글로는 의사소통을 할 수 있습니다.

여기에 중국어 한자 체계의 유용성이 있습니다. 중국에 방언이 많기는 예나 지금이나 마찬가지입니다. 하지만 진시황이 문자를 통일한 이후 2,200년이 넘는 장구한 중국 역사 내내 수억의 사람들을 하나로 묶는 기능을 한자가 수행해 왔습니다.

08 일본의 가나 문자는 음절 표기 방식

일본말은 거의 모든 단어가 '자음+모음' 방식으로 이루어져 있고 자음이 연속적으로 발음되는 경우가 없습니다. 그렇기 때문에 일본말은 음절로 표기하기에 딱 맞는 언어라고 할 수 있습니다. 그래서 일본어 표기는 음절문자 체계입니다.

처음에 일본 사람들은 중국의 한자를 들여와 자기네 말을 기록해 보려 했습니다. 하지만 일본어는 기능에 따라 동사가 수십 가지 형태로 변하는데, 중국의 한자는 변형이 안 되는 통자 방식이니 한자로 일본말을 도저히 기록할 수가 없었습니다.

그래서 일본 사람들은 중국 한자의 모양을 간단하게 변형시켜 일본어 음절을 기록하는 부호를 고안해냅니다. 그렇게 만들어진 것이 일본의 가나 문자인 히라가나와 가타가나입니다. 히라가나는 한자의 초서체를 줄여서 만들었고, 가타가나는 한자의 부나 변 등을 따서 만들었습니다. 현재 히라가나와 가타가나 각각 46개의 문자가 사용되고 있습니다.

일본어 표기는 명사, 동사, 형용사 등은 한자로 표기하고 이를 읽는 방식은 가타가나로 표기합니다. 동사·형용사의 어미나 조동사, 조사 등은 히라가나로 표기합니다. 외래어나 의성어, 의태어를 표기할 때에는 가타가나를 사용합니다.

일본 문자는 한자에서 유래했기 때문에 한자 표기와 같이 세로쓰기가 편하고 멋있습니다. 읽기도 세로쓰기가 더 편한가 봅니다. 그래서 일본의 신문이나 잡지 등은 세로쓰기를 하고 있습니다. 하지만 아라비아 숫자를 쓰거나 외국어를 인용하는 데 편리한 가로쓰기도 점점 일반화되어 가고 있습니다.

09 인간의 가장 위대한 발명은 문자

사람의 발명 중에 가장 위대한 발명이 바로 문자라고 할 수 있습니다. 이로써 사람은 일어난 사건이나 자신의 생각을 기록하고 전수할 수 있는 수단을 갖게 되었습니다. 세계에서는 다양한 생김새의 문자들이 사용되고 있습니다. 한글의 자모 철자도 그중의 하나죠. 사람이 이처럼 음소를 기록하는 쓰기 체계를 고안해냈다는 것은 참으로 대단한 업적입니다.

인류가 말에 쓰이는 소리들을 표기하는 부호를 발명하여 글로 사용한지 약 4,000년 정도 됩니다. 그런데 글을 배우는 능력은 말을 배우는 것과는 달리 인간의 두뇌에 선천적으로 내재되어 있지 않습니다. 그러므로 우리의 아이들은 읽기, 쓰기를 배우기 위해 수년 동안 집중적인 교육을 받아야 합니다. 읽기 쓰기를 배우는 일은 어렵고 도전적인 과정입니다.

아이들이 많은 시간을 들여 우리말이나 영어의 읽기, 쓰기를 배우고 연습하는 것은 인간이 장구한 세월에 걸쳐 문자를 발전시켜 온 것과 무관하지 않습니다. 사람이 어린 시절은 물론 어른이 되어도 끊임없이 읽기와 쓰기를 연마하는 것을 보면, 인류가 말을 기록하는 문자를 개발하기 위하여 얼마나 많이 고민하고 노력했는가를 알 수 있을 것 같습니다.

10 세계에서는 어떤 문자들이 사용되고 있나요?

언어를 표기하는 문자들 중에 가장 많은 언어와 지역에서 사용되고 있는 문자가 로마 문자입니다. 영어를 비롯한 서유럽의 주요 언어들이 로마 문자를 사용합니다. 로마 문자를 사용하는 유럽 나라들이 세계 도처에 식민지를 건설하는 바람에 이들 지역에서도 로마 문자를 쓰게 되었습니다. 남북 아메리카 대륙 모두 로마 문자를 쓰고 있고, 오세아니아, 아프리카 대륙도 북부 지역을 빼고는 거의 다 로마 문자를 사용합니다. 아시아에서는 필리핀, 베트남, 인도네시아, 말레이시아 등이 로마 문자로 자기네 말을 표기합니다. 터키도 로마 문자를 쓰고 있는데, 처음에는 아랍 문자를 썼습니다. 그러다 터키가 서구화, 근대화 정책을 추진하면서 1928년에 아랍 문자를 버리고 로마 문자를 채택했습니다.

로마 문자 다음으로 쓰이고 있는 문자가 키릴 문자일 것입니다. 키릴 문자는 그리스 문자에서 분화된 문자라고 할 수 있는데, 동방 정교회의 선교사 키릴로스와 그의 형 메토디오스가 동유럽의 슬라브족 사람들에게 포교하기 위해 고안했다고 합니다. 현재 러시아를 비롯한 동유럽의 많은 국가들이 사용하고 있습니다. 아시아에서는 중앙아시아와 북아시아 지역의 나라들이 키릴 문자를 쓰고 있고, 대표적인 나라가 몽고입니다.

다음으로 아랍 문자가 있는데, 아랍 문자는 기원 4세기경에 만들어졌다고 합니다. 이슬람교가 정복 전쟁을 펼치면서 아랍 문자도 사용 지역이 넓어졌습니다. 현재 중동 지역의 여러 나라와 북아프리카지역의 이슬람 국가들이 사용합니다. 이 문자는 오른쪽에서 왼쪽으로 쓰는 것이 특징입니다.

중국의 한자도 세계에서 많이 쓰이는 문자입니다. 중국의 인구가 엄청나니까요. 그리고 세계 주요 도시에는 거의 예외 없이 차이나타운이 있습니다. 일본의 가나도 중국의 한자에서 갈라져 나온 문자라고 할 수 있고, 우리말 어휘들도 한자로부터 기원한 단어들이 매우 많습니다. 중국 한자가 인류의 언어에 끼친 영향도 무척 크다고 할 수 있습니다.

한글을 포함해서 현재 세계에서 사용되고 있는 문자들은 약 30개 정도 됩니다. 수천 개의 언어가 있는 것에 비하면 이를 표기하는 문자의 종류는 매우 적습니다. 로마 문자, 키릴 문자, 아랍 문자, 한자 등 한 종류의 문자를 공유하는 언어들이 그만큼 많다는 뜻이죠. 그리고 아직도 자기네 말을 글로 표현하는 수단이 없는 언어 또한 많다는 의미일 수도 있습니다.

11 IPA 음성 기호는 어떻게 생겨났나

사람들의 말을 표기하는 방식은 언어마다 다릅니다. 하지만 소리들이 언어마다 모두 다른 것은 아닙니다. 물론 어떤 언어만이 쓰고 있는 독특한 소리들이 있기는 하지만, 대다수 언어에서 공통적으로 사용되는 소리들도 있습니다. 그렇다면, 소리를 표기하는 기호를 통일하면 언어와는 상관없이 말소리를 하나의 음성 기호로 표기할 수 있지 않을까요?

이러한 생각을 바탕으로 국제 음성학 협회(International Phonetics Association)가 1888년에 세계의 여러 언어에서 사용되는 소리를 표기할 수 있는 표준화된 음성 기호 체계를 개발하였습니다. 이 음성 기호를 'IPA 음성 기호'라고 합니다. IPA 음성 기호는 로마 철자를 주로 사용해서 만들었는데, 세계의 많은 언어들이 로마 철자를 사용하고 있기 때문입니다.

그렇지만 IPA 음성 기호는 여러 언어들이 사용하고 있는 로마 철자와는 용도가 근본적으로 다릅니다. IPA 음성 기호는 언제나 동일한 소리를 나타내기 때문입니다. 각 언어에서 철자가 쓰일 때는 철자가 항상 동일한 소리를 나타내지는 않습니다.

예를 들면, 다음 세 단어에서 철자 'p'는 어떤 소리를 나타내고 있나요?

pen: [p]

phone: [f] ('ph'가 하나의 소리를 나타냄)

psycho: 소리 없음

세 단어에 모두 철자 'p'가 쓰이지만, 'p'가 나타내는 소리는 단어마다 다릅니다. 철자와 소리와의 관계가 일관성 있다고 평가받는 우리글의 경우에도 철자가 항상 같은 소리를 나타내지는 않습니다.

다음 단어의 'ㄴ' 받침소리에 귀 기울여 보세요.

신라왕: [실라왕]

신기해: [신기해]

'신라왕'의 'ㄴ' 받침소리는 다음에 오는 'ㄹ'의 영향을 받아 제소리를 잃어버리고 'ㄹ' 소리로 변합니다. 하지만 글을 쓸 때 '실라왕'으로 쓰지는 않지요.

이처럼 언어를 표기하는 철자는 영어 철자든 한글 철자든 항상 동일한 소리를 나타내지는 않습니다. 하지만 음성 기호는 음성 즉, 소리만을 표기하는 기호이므로 언제나 동일한 소리를 나타냅니다.

음성 기호는 음성학적으로 상호 차이가 있는 소리를 표기하는 데 부족함이 없도록 충분한 기호를 가지고 있어야 하지만, 소리의 미세한 차이까지 표기하면 좀 곤란합니다. 왜냐하면 미세한 음성적인 차이를 구별하려 들면 한도 끝도 없기 때문이죠. 따라서 IPA 음성 기호에는 소리의 많은 자세한 요소가 생략되어 있습니다. 하나의 소리가 서로 다른 단어에서, 또는 한 단어의 서로 다른 위치에서 다르게 발음되는 정도의 차이는 무시됩니다.

IPA 음성 기호

IPA 음성 기호 중에서 영어 소리를 표기하는 기호를 그 소리를 가지고 있는 영어 단어와 함께 소개합니다.

1) 자음 (consonants)

조음장소 발음방식		양순 兩脣	순치 脣齒	치간 齒間	치경 齒莖	구개 口蓋	연구개 軟口蓋	성문 聲門
파열음 破裂音	무성	p pen			t ten		k ken	
	유성	b bean			d dean		g gain	
비음 鼻音	유성	m mill			n nil		ŋ king	
마찰음 摩擦音	무성		f fine	θ thigh	s seal	ʃ shoe		h hen
	유성		v vine	ð thy	z zeal	ʒ azure		
파찰음 破擦音	무성					ʧ chain		
	유성					ʤ Jane		
반모음 半母音	무성	ʍ* which					* which	
	유성	w witch				j you	w witch	
유음 流音	설전 舌前				r rain			
	설측 舌側				l lane			

참 [ʍ], [w]: 발음 시 양 입술이 동그랗게 되고, 혀의 뒷부분이 연구개 쪽으로 올라가므로 조음 장소가 양순兩脣과 연구개軟口蓋에 동시에 표기됨.

[ʍ]*: 지금은 거의 쓰이지 않아 영어 음소에 포함되지 않는 경우가 많음.

[참] 반모음: 소리 내는 방법에 있어서는 길게 소리 낼 수 있어 모음과 같은 성질을 가지지만, 기능이나 위치는 단모음의 앞이나 뒤에 자리하여 자음과 같은 기능을 하므로 모음과 자음의 중간 위치임. 소리를 자음과 모음으로 나눌 때는 자음에 소속시키며, 과도음(過渡音, glide)이라고도 함.

2) 모음 (vowels)

혀의 높이 \ 혀의 위치	앞	중간	뒤
상	i b**ee**t ɪ b**i**t		u b**oo**t U p**u**t
중	e b**ai**t ɛ b**e**t	ə **a**bout	o b**oa**t
하	æ b**a**t	ʌ b**u**tt a b**a**lm	ɔ b**o**re

[참] 이중모음: 두 개의 모음 소리가 연이어 발음되는 모음으로 소리는 둘이나 하나의 모음으로 취급함. 영어에는 세 개의 이중모음이 있음.

aɪ   bite

aU   bout

ɔɪ   boy

[참] 슈와(schwa): [ə] about, sof**a**의 경우처럼 한 단어에 두 개 이상의 음절이 있을 때 강세가 오지 않는 모음은 약하게 발음되는데, 이 모음을 슈와라고 함.

13 음성 기호를 표시할 때 쓰는 괄호의 의미는?

IPA 음성 기호를 표시할 때, 음성 기호가 무엇을 표현하는가에 따라 각기 다른 종류의 괄호를 사용합니다.

1) [ ] (꺾쇠괄호)

[ ]는 음성학적인 소리를 나타낼 때 사용됩니다. 어떤 언어를 모르는 사람이 그 언어를 들은 대로 표현한 것이죠. 예를 들어 우리말 단어 '고구마'는 [koɡumɛ]라고 나타냅니다. 우리말을 모르는 사람들에게는 첫 번째 'ㄱ'과 두 번째 'ㄱ'이 서로 다른 소리로 들립니다. 한국어를 모국어로 하는 우리들 입장에서는 잘 믿기지 않습니다.

영어 단어 lulls는 ['leɫz]라고 나타냅니다. 첫 번째 'l'과 두 번째 'l'이 소리가 다르기 때문입니다. 하지만 영어 원어민들은 잘 구분하지 못합니다. 이처럼 단어의 뜻을 무시하고 소리로서 어떤 단어나 문장을 표시할 때, 단순히 소리를 표기했다는 의미로 [ ]를 사용합니다.

2) / / (슬래시)

음운론적인 음소를 표시할 때 이 부호를 사용합니다. 대개의 경우 음소 값과 IPA 음성 기호의 소리 값은 같습니다. 음소를 표기한 것이기 때문에 / / 안에 있는 기호들을 변경한다면, 단어의 뜻이 달라지든가, 아무 뜻도 없는 소리가 될 수 있습니다.

예를 들어 단어 lulls에 있는 두 가지 'l' 소리는 의미의 차이를 가져오지 않기 때문에, 다음과 같이 하나의 부호로 적을 수 있습니다.

/lʌlz/

3) < > (각진 괄호)

단어의 철자를 표기할 때 사용합니다.

⟨lulls⟩, ⟨child⟩, ⟨potato⟩

CHAPTER 05

세계의 말들

01 언어분류학의 태두는 윌리엄 존스 경

세계의 언어를 분류할 때 이 분에 관한 언급을 빼놓을 수 없는데, 바로 영국의 윌리엄 존스 경입니다. 윌리엄 존스 경은 1700년대 후반에 영국 식민지 인도에서 판사로 근무했습니다. 그는 근무하면서 인도 고대어인 산스크리트어를 연구하기 시작했습니다. 그런데 산스크리트어를 공부하면서 존스 경은 이 언어가 라틴어나 그리스어와 너무나 유사하다는 놀라운 사실을 발견했습니다. 그리고는 본격적인 연구 작업에 몰두하여 그 연구 결과를 1786년 캘커타의 아시아협회에서 발표했습니다.

존스 경은 산스크리트어와 그리스어, 라틴어 사이에는 우연으로는 볼 수 없는 일관성 있는 유사함이 있으며, 이러한 유사한 특성들은 이 세 언어가 하나의 조상언어에서 공통적으로 물려받은 특성일 것이라고 주장했습니다. 19세기에 접어들어 유럽의 많은 비교 언어학자들이 더 전문적인 연구를 진행했습니다. 연구 결과, 그들은 존스 경의 주장이 단순한 가설이 아니라 부정할 수 없는 사실이라는 것을 밝혀냈습니다.

이 학자들은 인도와 유럽의 다양한 언어의 조상이 되는 이 사라진 언어를 인도-유럽어(Indo-European Language)로 명명했습니다. 그 이유는 이 언어의 후손 언어들이 동쪽으로는 인도, 서쪽으로는 유럽 끝까지 퍼져나갔기 때문입니다. 그리고 인도유럽어에서 파생된 수많은 언어군을 '인도-유럽어족(Indo-European Language Family)'이라고 합니다.

02 세계의 언어를 어족으로 묶을 수 있다

학자들은 세계의 언어들을 비슷한 특성을 공유하는 언어끼리 묶어 어족語族이라는 분류 체계를 만들었습니다. 이에 따라 세계의 언어를 몇 개의 어족으로 묶어서 분류할 수 있습니다. 그중에서 가장 광범위한 어족이 바로 존스 경이 발견한 인도-유럽어족입니다. 영어를 비롯한 대다수의 유럽어들이 이 어족에 속하죠. 하지만 유럽어가 다 이 어족에 속하는 것은 아닙니다. 헝가리어와 핀란드어는 우랄어족에 속합니다. 한편 유럽어와 아주 멀리 떨어져 있는 인도의 펀잡어가 인도-유럽어족에 속한다고 하니, 인도-유럽어족이 얼마나 넓게 퍼져 있는지 알 수 있습니다.

그럼 한국어는 어느 어족에 속할까요? 모두 알고 있듯이 한국어는 알타이어족에 속합니다. 알타이어족에 속하는 언어는 터키어, 몽고어, 일본어 등입니다. 중국어는 중국-티베트어족으로 따로 분류됩니다. 중국어, 티베트어, 버마어 등이 이 어족에 속하죠.

또 하나의 중요한 어족으로 셈-함어족이 있습니다. 아랍어가 가장 대표적인 언어이며, 유대인의 히브리어도 이 어족에 속합니다. 그 외에도 니제르-콩고어족이 있는데, 니제르-콩고어족은 아프리카 사하라 사막 남부 지역에서 사용하는 언어들로 스와힐리어가 이 어족에 속합니다.

세계의 어족 분류표

세계의 어족을 간단히 표로 정리하면 다음과 같습니다.

어족	언어	사용 지역
인도유럽 어족	영어, 독일어, 프랑스어, 스페인어, 인도어, 러시아어 등	인도 일부와 유럽의 거의 모든 지역 남북 아메리카 대부분
셈-함 어족	아랍어, 히브리어, 암하르어 등	서아시아(아라비아반도, 이라크 등) 북부아프리카, 동아프리카(이디오피아)
니제르-콩고 어족	스와힐리어 등	아프리카 사하라사막 남부지역
알타이 어족	터키어, 몽고어, 한국어, 일본어	아시아 대륙 북부와 중부, 남부
우랄 어족	핀란드어, 헝가리어	슬라브어족에 근접한 툰드라, 초지지역
중국, 티벳 어족	중국어, 미얀마어, 티벳어	중국 및 동남아시아 지역
오스트로-아시아 어족	베트남어, 캄보디아어	동남아시아(말레이반도, 인도 일부)
말레이-폴리네시아 어족	인도네시아, 하와이, 마다가스카르	아프리카 동부 연안 등 열대 도서 지역

위의 표는 세계의 주요 언어들을 어족 단위로 일반적으로 분류한 표입니다. 하지만 이러한 분류 방식에 동의하지 않는 학자들도 있고, 언어를 분류하는 기준 또한, 이 밖에도 많습니다.

그러면 세계의 언어는 도대체 모두 몇 개나 될까요?

세계에서 사용되고 있는 언어의 수에 관하여는 의견이 분분합니다. 일반적으로 적게는 4,000개, 많게는 8,000개의 언어가 존재한다고들 합니다. 미국 LA의 경우만 봐도 언어가 얼마나 다양한지 느낄 수 있는데, LA에서 사용되고 있는 언어가 무려 80개 이상이나 된답니다.

언어가 변하는 원인은 다양합니다.

그중의 하나로 들 수 있는 것이 동화 현상입니다. 동화 현상이란 하나의 소리가 인접한 다른 소리에 영향을 받아 서로 발음이 비슷해지는 현상을 말합니다. 예를 들어, 콧소리 자음 앞에 모음이 오면 이 모음 소리가 콧소리로 바뀌게 됩니다. 콧소리 자음을 내기도 전에 발성기관은 콧소리를 낼 준비를 하고 모음 발음부터 콧소리를 내는 거죠. 이런 현상은 우리가 일부러 하려고 해서 되는 게 아니라 나도 모르게 발성기관이 자동적으로 그렇게 움직이는 겁니다.

발음 동화 현상과는 달리 발음이 서로 멀어지는 쪽으로 변화가 일어나기도 합니다. 서로 붙어 있는 두 소리의 발음이 비슷할 경우 발음을 알아듣기 어렵거나 아예 못 알아들을 수도 있습니다. 이러한 불편함을 피하기 위하여 두 발음이 서로 확실하게 구별되는 쪽으로 변하게 됩니다.

문제는 이런 간섭 현상이 여기에서 끝나는 게 아니라는 데 있습니다. 하나의 변화된 결과가 다시 그다음 변화의 원인이 되어 또 다른 변화를 일으킵니다. 변화의 연쇄 현상이 나타나는 거죠.

변화는 문법에서도 발생합니다. 고대 영어의 문법 체계는 현대 영어보다 훨씬 복잡했는데 시간이 지나면서 많이 간소화되었습니다. 하지만 간소화가 무조건 진행되는 것은 아닙니다. 문법이 너무 간단해지면 문장의 의미가 애매모호해져서 이런 뜻도 되고 저런 뜻도 될 수 있습니다. 따라서 변화는 문법의 간소화와 의미의 명료화 사이에서 균형을 잡습니다.

그런데 실제로 변화가 일어나는 것은 아이들에 의해 발생합니다. 아이들은 왜 이런 변화를 가져오는 걸까요? 어른들이 하는 말을 아이들이 온전히 습득하지 않기 때문입니다. 아이들은 어른들의 말을 저 좋은 대로 적당히 배우고는 그게 맞는 말인 것처럼 사용하는 거죠. 그러다 시간이 가면서 아예 고정되어 세대 간의 전승 과정을 거쳐 변화가 이루어집니다.

05 언어는 왜 사라지는가?

그 이유는 간단합니다. 다음 세대인 아이들이 배우지 않으면 그 언어는 사라집니다. 말은 하는 사람이 없으면 그걸로 그만이니까요. 이런 경우가 두 가지 형태로 오게 되는데, 하나는 그 언어를 사용하는 사람들이 재앙이나 기타 원인으로 모두 사망하면 그 언어는 사라집니다. 다른 경우는 한 언어를 사용하는 사람들이 다른 언어를 사용하는 타 문화에 흡수되어 소멸되는 경우입니다.

타 문화로 동화되는 일은 인위적으로 일어나는 경우가 많은데요. 한 나라가 다른 나라를 정복한 후, 정복자가 강압적으로 피정복자의 언어를 없애려고 할 때 발생합니다. 이 과정의 초기에는 피정복민이 자기네 말과 정복민의 말을 둘 다 하겠죠. 하지만 다음 세대의 아이들은 성장하면서 상위 문화인 정복민의 언어만을 사용하게 됩니다. 이런 과정이 세대를 거듭하면서 가속화되어 결국 피정복민의 언어는 소멸하고 맙니다. 미국 원주민인 인디언들의 많은 언어들이 이와 같은 과정으로 소멸되었고 지금도 소멸되고 있습니다.

06 죽은 언어가 되살아나다 - 히브리어

죽은 언어를 되살리는 일이 발생하기도 합니다. 바로 유대인의 모국어인 히브리어입니다. 기원 70년 로마에 의해 예루살렘이 함락되고 유대인들이 뿔뿔이 흩어지면서, 히브리어는 구어口語로서의 기능을 상실합니다. 유대인들은 히브리어를 읽고 기록하는 일은 계속했지만, 일상생활에서는 그들이 속해 있는 사회나 나라의 언어를 쓸 수밖에 없었습니다.

문어文語로만 존속해 오던 히브리어가 일상 언어로 부활하게 된 데는 엘리제르 벤 예후다(1857~1922)의 절대적인 헌신과 수고가 있었습니다. 벤 예후다는 히브리어가 유대인들의 일상 언어가 될 수 있다는 자신의 신념을 실현시키기 위해 1881년 아내와 함께 알제리에서 팔레스타인으로 이주합니다. 그는 팔레스타인으로 가는 배에서 아내에게, '팔레스타인에 도착하면 히브리어가 아닌 다른 어떤 언어로도 말하거나 쓰지 않을 것'이라고 말했습니다.

히브리어를 되살리기 위해 그는 자녀들을 히브리어로 키우기로 결심합니다. 첫 아들이 태어나자 벤 예후다 부부는 아들에게 오직 히브리어만 들려주었습니다. 히브리어가 아닌 어떤 소리도 듣지 못하게 했습니다. 심지어 새 소리도 못 듣게 했습니다. 하지만 그의 아들은 다섯 살이 되도록 말을 하지 못했습니다. 하루는 엄마가 답답한 마음에 아들에게 러시아어 자장가를 불러주었는데, 이를 본 남편이 아내를 엄청 호되게 질책했습니다. 남편의 불 같은 질책에 아내가 울음을 터뜨렸는데, 바로 이때 아들이 처음으로 히브리어로 말을 하기 시작했습니다. 거의 2,000년 만에 히브리어를 모국어로 하는 첫 사람이 나온 것입니다.

벤 예후다는 히브리어 문법을 정리하였고, 성경과 탈무드 등의 고대 히브리어를 근간으로 현대 히브리 어휘를 만들어 갔습니다. 그는 히브리어 신문을 발간하였고, 히브리어 사전 편찬 작업도 시작했습니다. 사전 편찬 작업은 최초로 히브리어를 모국어로 했던 그의 아들이 아버지의 과업을 이어받아 완성시켰습니다.

그런데 그의 이런 헌신적인 노력에 반대하는 사람들이 있었습니다. 그들은 정통 유대인들이었습니다. 히브리어는 하느님의 언어인데 이 언어로 사람들이 '화장실'이란 말을 하고, 욕하고, 불의를 말하는 것은 그야말로 신성모독이라는 겁니다. 이디시(Yiddish)어를 하는 당시 지도층 유대인들의 반대도 심했습니다. 그들의 모국어인 이디시어의 영향이 약화되는 것에 대한 두려움이 있었던 거죠. 이들은 벤 예후다를 감옥에 가두기도 했습니다.

언어가 다른 유대인들이 세계 곳곳에서 팔레스타인으로 계속 이주해 오면서 유대인의 공용어를 정하는 문제가 현안으로 대두되었습니다. 이때 벤 예후다의 주장이 호응을 얻습니다. 20세기 초쯤 되자 히브리어가 이스라엘 사회에 기반을 탄탄히 다지게 되었습니다. 히브리어를 공용어로 하려는 움직임은 더욱 활발해

졌고, 히브리어로 교육하는 학교도 하나둘 설립되기 시작했습니다.

1948년, 이스라엘이 드디어 독립합니다. 그리고 히브리어는 국가의 정책적 지원을 받으며 이스라엘의 공식 언어가 됩니다. 이스라엘은 국립 히브리어 교습소를 세우고 세계 각지에서 온 유대인들에게 히브리어 교육을 집중적으로 실시했습니다.

오늘날 히브리어는 700만 이스라엘 국민의 공식 언어입니다. 초등학교부터 대학교에 이르는 모든 교육이 히브리어로 진행됩니다. TV와 라디오에서 소식을 전하는 언어도 히브리어입니다. 문자로만 존재하던 언어가 사람들의 일상 언어로 되살아나는 놀라운 일이 일어난 것입니다.

07 언어를 보존하려는 학자들의 노력

세계 도처에서 많은 언어들이 소멸될 위험에 처해있는 것으로 언어학자들은 판단합니다. 언어학자들은 소멸 위기에 있는 언어들을 연구하고, 몇 명 안 되는 그 언어 사용자들의 말을 녹취해 두고 있습니다. 한 언어의 문학, 시, 각종 의식에서 사용되는 표현들, 단어 구성, 언어 구조 등은 그 언어 문화의 매우 소중한 콘텐츠라고 할 수 있습니다.

이처럼 인간 문화의 결정체인 언어가 소멸한다는 것은 매우 안타까운 일입니다. 한 언어가 소멸하면 그 언어가 가지고 있는 인간의 삶에 대한 성찰과 지혜도 함께 사라집니다. 동시에 그 문화를 재생산할 수 있는 수단도 소멸하는 것이죠.

언어를 보존하기 위해 학자들이 많은 노력을 기울이고 있습니다. 학자들만 아니라 언어학회 또는 정부가 직접 나서서 소멸 위기에 있는 언어들을 보존하기 위해 애쓰고 있습니다. 하지만 사라져 가는 언어를 보존하기가 만만치 않습니다.

PART 02.

영어가 변해 온 과정

01   영어의 기원

    영어는 게르만계 부족들인 앵글족, 색슨족, 그리고 쥬트족에 의해 영국 섬에 들어오게 되었습니다. 그리고는 약 천 년에 걸친 여러 큼직한 사건들이 영어를 변화, 발전시킵니다. 먼저 어거스틴(Augustine of Canterbury, ?~605년) 수도사가 영국을 기독교로 개종시키면서 라틴어와 그리스어의 영향을 받습니다. 그리고는 바이킹의 영향을 조금 받습니다.

    마지막으로 프랑스어를 하는 노르만 사람들에 의해 크게 바뀝니다. 그러다 작가 초서(Geoffrey Chaucer, 1343~1400)가 등장할 즈음이면 영어를 하는 일반 사람들이 보아도 식별할 수 있는 형태를 갖춥니다. 영어는 긴 역사의 굴곡과 함께 만들어진 혼합 언어라고 말할 수 있습니다.

02   영어의 과거를 간단히 정리하면

영어의 변천 과정을 간단히 기술한다면 다음과 같이 할 수 있을 겁니다.

1) 아주 옛날 역사
켈트족의 영국 섬 이주(기원전 500년경)
로마제국의 침공(기원전 54년)
로마군의 철수(410)

3) 고대 영어 시대(449~1066)

쥬트, 색슨, 앵글족의 영국 진출(449~)

어거스틴 수도사의 기독교 전파(597~)

바이킹 부족들의 영국 침입(850~)

4) 중세 영어 시대(1066~1500)

노르만족의 영국 정복(1066)

프랑스어의 퇴조와 영어의 부흥

캑스턴의 인쇄 사업(1476)

5) 현대 영어 시대(1500~)

모음의 대이동

셰익스피어 탄생(1564)

사무엘 존슨의 영어 사전(1755)

영국 영어와 미국 영어의 분화

옥스퍼드 사전 편찬(1884~1928)

영어가 변해 온 과정과 그에 따른 흥미로운 뒷얘기들을 알게 되면 영어가 더 친근해지지 않을까요? 영어의 역사와 이에 얽힌 흥미로운 얘기들을 정리했습니다.

CHAPTER 06

옛날 옛적 영국에는

켈트족과 로마제국의 영국 침공

언어적으로 영국 섬 최초의 원주민은 켈트족입니다. 켈트족은 기원전 500년 경에 유럽 대륙에서 영국 섬으로 이주했습니다. 물론 켈트인들이 영국 섬에 왔을 때에도 이미 영국 섬에는 다른 사람들이 살았을 겁니다. 하지만 언어적으로는 켈트족이 사용한 켈트어가 현재 사람들이 구별할 수 있는 영국 섬에서 사용된 제일 오래된 말입니다.

하지만 켈트 사람들은 자기네 말을 기록할 수 있는 문자 체계를 갖추지 못했던 것 같습니다. 지금까지 남아 있는 제대로 된 당시의 기록이 없으니까요. 글이 없으니까 그 당시의 설화나 모험담들은 사람의 입에서 입으로 전해지게 되었죠. 몇 백 년이 지난 후에야 그렇게 구전으로 전승된 얘기들을 정리해서 기록하게 되었습니다.

켈트어 다음으로 영국으로 들어온 언어는 라틴어입니다. 라틴어는 로마제국이 영국 섬을 점령하면서 들어오게 되었죠. 라틴어는 영국에서 약 400년간 사용되었습니다. 제일 먼저 영국을 침공한 로마 장군은 율리우스 시저였는데, 기원전

55년에 도버해협을 건넜습니다. 하지만 켈트족이 완강히 저항하는 바람에 큰 성과를 거두지 못했습니다. 시저는 다음 해인 기원전 54년에 영국을 재차 침공했는데, 약간의 성공을 거두고는 이내 유럽으로 돌아갔습니다. 그 후로 약 100년 동안 영국은 로마제국의 간섭 없이 지내게 됩니다.

그러다가 기원 43년 클라디우스 황제가 영국을 제대로 정복할 계획을 세우고 쳐들어왔습니다. 하지만 북쪽 스코틀랜드와 왼쪽 웨일즈 지역까지는 정복하지 못합니다. 영국 섬의 동남쪽인 현재의 잉글랜드 지역을 차지하는 것으로 만족해야 했습니다. 이후 약 300여 년 동안 잉글랜드 지역은 로마제국의 지배를 받게 됩니다. 따라서 이 지역은 라틴어를 사용하게 되었는데, 실제로는 소수의 지체 높은 분들이 사용하는 정도였습니다. 대다수의 일반 켈트 사람들은 켈트어를 그대로 사용했습니다.

로마제국이 남긴 언어적인 유산은 그들이 영국 섬에 거주했던 400년이라는 긴 기간에 비교해 볼 때 놀랍게도 적습니다. 가장 두드러진 유산 중의 하나는 지역을 가리키는 이름입니다. 이 이름들은 아마도 로마 사람들이 거주하는 곳들을 가리키는 말이었을 겁니다. 대표적인 이름이 말미에 chester, 또는 caster라는 표현이 붙은 지명인데, Manchester, Lancaster 등이 대표적인 지명이죠. 참고로 chester나 caster가 라틴어로는 캠프라는 뜻입니다.

라틴어가 남긴 가장 유명한 유산은 영국의 수도인 런던이라는 이름일 겁니다. 당시 현재의 런던 지역을 가리키는 라틴어가 론디니움(Londinium)이었는데 이 말에서 현재의 런던(London)이라는 이름이 유래했다는군요. 로마제국의 라틴어가 영국에 제대로 된 유산을 하나 남긴 셈입니다.

로마제국이 몰락의 길로 들어서자 영국에 주둔해 있던 로마 군대가 기원 410년에 철수합니다. 그리고 449년쯤부터 대략 100년간에 걸쳐 덴마크와 네덜란드 지역에 거주하던 게르만 족의 부족들인 쥬트, 색슨, 그리고 앵글족이 차례로 영국으로 들어와서 눌러앉습니다.

그런데 이 과정이 매우 흥미롭습니다. 영국 섬에 처음으로 들어온 부족은 쥬트족인데요. 이 사람들은 영국 섬을 침공한 게 아니라 켈트족의 초대를 받고 점잖게 들어옵니다. 사연인즉, 로마 군대가 별안간 철수를 하니까 켈트족 사람들은 이를 환영한 게 아니라 도리어 당황해 했습니다. 왜냐하면 북쪽 스코틀랜드 지방의 부족들이 쳐내려오면 자기들을 보호해 줄 군대가 없게 되었으니까요. 그래서 켈트족 왕이 궁리해낸 방도가 바로 현재 덴마크 지역에 살고 있던 쥬트족 사람들을 용병으로 불러들이는 것이었습니다.

영국 섬 북쪽에는 스코트족 사람들이 살고 있었는데, 이 사람들은 기회만 되면 아래로 내려오려고 했습니다. 남쪽이 기후도 따뜻하고 땅도 비옥하니까 자연히 탐을 낸 거죠. 이들을 저지하기 위해 쥬트족이 처음으로 영국 땅에 들어온 때는 기원 449년이었습니다. 켈트족은 쥬트족 용병을 이용해서 북쪽 스코트족의 남침을 효과적으로 저지할 수 있었습니다. 그런데 여기서 켈트족 왕이 그만 실수를 하게 됩니다. 켈트 왕은 추리하기를 '이 쥬트 용병들을 돌려보내지 않고 땅을 좀 줘서 눌러살게 하면, 북쪽에서 또 쳐들어와도 나를 도와주겠지. 그렇게 하는 게 바로 자기네 삶을 지키는 거니까.' 그리고는 켄트 지역의 한 섬을 쥬트족이 정착하도록 마련해 줍니다.

그런데 이게 웬일입니까? 쥬트족이 영국에서 살아보니까 너무 좋거든요. 그러니 쥬트족의 친인척, 친구들이 몰려들어왔죠. 시간이 가면서 쥬트족 옆 동네의 다른 부족들까지 영국 땅으로 건너왔습니다. 쥬트족을 따라 영국 땅으로 들어온 부족들이 바로 앵글족과 색슨족입니다. 바야흐로 굴러 온 돌이 박힌 돌을 내모는 상황이 벌어지게 된 거죠.

켈트족은 정책상의 실수를 후회하고 이들이 영국 땅으로 몰려오는 것을 저지하려고 무진 애를 씁니다. 죽을 각오로 싸움도 하고(그래서 결국 죽게 됩니다), 안되면 할 수 없이 땅을 내주기도 하고(그래서 땅도 뺏기죠), 로마로 사람을 보내 지원군을 보내달라고 요청도 하지만 지원군은 끝내 오지 않았습니다. 당해낼 도리가 없죠. 켈트족은 결국 영국 섬 서쪽으로 밀려나 웨일즈 지역에 정착합니다. 일부는 아예 도버해협을 건너 프랑스 땅으로 도망해, 지금의 '브리타니' 지역에서 새살림을 차립니다. 프랑스 '브리타니' 지역은 지금도 프랑스어가 아니라 켈트어를 쓰고 있습니다. 프랑스 '브리타니' 지역은 언어 연구에 매우 중요한 자료를 제공합니다.

03 아서왕의 이야기

영국에 먼저 정착한 켈트족이 대륙에서 밀려들어오는 게르만의 세 부족들에 맞서 힘겨운 싸움을 벌이는 이 험난한 시기에 원탁의 기사로 유명한 아서왕이 등장합니다. 아서왕은 아마도 켈트족의 마지막 왕이라고 할 수 있을 겁니다.

아서왕과 원탁의 기사 이야기는 어디까지가 진실이고 어디까지가 전설인지 분명하지 않습니다. 말 그대로 역사와 전설이 뒤섞인 이야기라고나 할까요. 하지만 그 내용은 너무나도 흥미진진합니다. 아서왕에 관한 설화는 영국 문학에서 매우 중요한 위치를 점하고 있고 지속적으로 소설, 영화, 연극 등의 소재로 사용되고 있습니다.

04 세 부족이 영국에 왔는데 영국은 왜 잉글랜드인가?

영국의 새 주인이 된 게르만의 쥬트, 색슨, 앵글족들은 시간이 가면서 잉글랜드 지역에 일곱 개의 왕국을 세웁니다. 그러다 9세기에 들어와서 이 일곱 중의 하나인 웨섹스 왕국이 잉글랜드 지역 전체를 장악합니다. 장악한다고 해서 아시아의 고대국가같이 중앙집권적인 지배력을 행사한 건 아니구요. 최고로 힘센 형님 국가 정도가 되어서 다른 나라들로부터 큰 형님 대접을 받게 되었다는 것이죠.

그런데 이 지역이 잉글랜드로 불리게 됩니다. 순서적으로는 앵글족이 맨 나중에 영국에 왔는데 힘은 제일 셌던 모양입니다. 당시의 기록을 보면 처음에는 '앵글리'와 '색슨즈'가 나란히 기록되었는데, 얼마 안 가 '색슨즈'는 빠집니다. 그리고 '앵글리', '앵글리아'라는 이름만 사용됩니다.

시간이 가면서 '앵글족의 땅'이라는 뜻의 '잉글랜드'라는 명칭이 영국 섬 동남부 지역을 가리키는 이름으로 자리 잡습니다. 부족 이름은 앵글(Angles)족인데 땅 이름은 여러 방언들이 조금씩 다르게 발음하다 10세기쯤에 잉글랜드(England)라는 명칭으로 고정됩니다.

하지만 색슨족도 앵글족 못지않게 힘을 발휘했습니다. 그래서 영국을 새롭게 지배한 민족을 말할 때, 이 두 부족의 이름을 붙여 '앵글로색슨(Anglo-Saxon)'족이라고 말합니다. 영국에 들어오기는 쥬트족이 제일 먼저 들어왔는데 후세에 남긴 영향은 아마도 제일 적은 듯싶습니다.

05 영국의 기독교 개종은 일사천리로

기원 597년, 그레고리 교황의 명령으로 성聖 어거스틴 수도사가 약 40명 정도의 제자들을 이끌고 유럽 제일 북쪽의 변두리 땅 영국 섬에 도착합니다. 이들에게 주어진 임무는 영국 사람들을 가톨릭교도로 개종시키는 것이었습니다. 이들은 제일 먼저 켄트 왕국에 도착했는데, 반가운 사실은 켄트 왕비가 이미 가톨릭 신자였다는 겁니다.

이게 어찌 된 영문이냐 하면요. 켄트 왕이 프랑스의 프랑크 왕국 공주와 정략 결혼을 했는데, 프랑크 국왕이 딸을 켄트 왕에게 보내기 앞서 요구한 전제 조건이 프랑크 공주의 종교의 자유를 보장하라는 것이었습니다. 프랑크 공주가 가톨릭 신자였거든요. 도량이 넓으신 켄트 왕은 왕비의 신앙의 자유를 보장해 줍니다. 켄트 왕은 더 나아가, 왕비와 시종들이 가톨릭 예배를 볼 수 있도록 왕궁 근처에 조그만 교회까지 지어 주었습니다. 이 교회가 세워진 곳이 바로 지금의 켄터베리입니다. '켄트'와 '켄터베리', 서로 비슷하죠?

어거스틴은 켄트 왕국에 도착한 지 얼마 되지 않아 로마 교황청으로부터 켄터베리의 초대 주교로 임명됩니다. 어거스틴이 영국 땅을 기독교로 개종하는 활동은 순조롭고 평화스럽게 진행됩니다. 이 분이 켄트왕국에 도착한 지 100년이 되지 않아 잉글랜드 지역 전체가 기독교로 개종합니다. 이들이 포교 활동을 하는 동안 박해를 받거나 순교를 당하는 일이 단 한 건도 없었다고 합니다. 앵글로색슨 족들은 왕, 평민 할 것 없이 모두 다 순순히 기독교로 개종하여 잉글랜드는 바야흐로 기독교 국가로 새롭게 태어납니다.

06 바이킹의 시대

영국의 새로운 주인들에게 드디어 시련이 찾아옵니다. 바로 바이킹들이 영국을 공격하고 약탈하기 시작한 겁니다. 바이킹들은 영국의 동해인 북해 건너에 살던 덴마크인들과 노르웨이인들을 가리킵니다. 그런데 이 바이킹들도 뿌리를 찾아 올라가면 영국에 정착한 세 부족들과 4촌 정도 되는 부족들입니다. 언어도 크게 다르지 않았다고 합니다.

이들은 한동안 조용히 자기네 땅에서 살았죠. 그러다가 8세기 말쯤부터 서쪽으로 활동 영역을 넓혀가기 시작했습니다. 처음에는 영국 동쪽 해안에 상륙하여 약탈과 방화를 저지르고는 자기네 나라로 돌아갔습니다. 그러다 나중에는 아주 세게 나와, 영국 동쪽 지역을 정복하고 나라들을 세웁니다.

사실 바이킹들은 덴마크인들과 노르웨이인들만 가리키는 게 아니라, 북유럽 추운 땅에 살던 야만적이고 호전적인 사람들을 뭉뚱그려 일컫는 말입니다. 이들은 비슷한 시기에 영국뿐만 아니라 다양한 방향과 지역으로 활발하게 진출합니다. 바이킹 중에 스위드(지금의 스웨덴)족은 동쪽으로 진군하여 지금의 러시아 지역으로 들어가 왕국을 세웁니다. 이 나라가 바로 원조 러시아 왕국이 되는 것이죠. 노르웨이족은 서쪽으로 더 멀리 진출해서 아이슬란드 섬까지 들어갑니다. 이들이 현재 아이슬란드 사람들의 조상이 됩니다. 그린란드 섬에도 일부 사람들이 정착하기는 하는데, 워낙 기후가 춥고 농사가 되지 않아 애를 먹습니다. 결국 정착하지 못하고, 추위와 배고픔에 지쳐 전부 다 죽고 맙니다.

바이킹 중에 덴마크 지역에 살던 데인족들이 잉글랜드를 본격적으로 잡수시려고 거창한 작업을 벌입니다. 850년, 자그마치 350척이 넘는 배를 몰고 영국 해안에 상륙해서 잉글랜드 동쪽 지역을 말 그대로 쑥밭으로 만들어 버립니다. 결국 이 지역이 덴마크 바이킹의 수중에 떨어지게 됩니다. 그리고 이 데인족들은 프랑스 노르망디 지역으로도 진출해서 노르만 공국을 세웁니다.

07 바이킹에 맞서 영어를 구한 알프레드 대왕

잉글랜드 동쪽 해안에 있던 앵글로색슨 왕국들을 하나둘 정복해 나간 데인족들은 여세를 몰아 서쪽으로 진군해서 웨섹스 왕국까지 정복하려 합니다. 근데 이 웨섹스 왕국의 왕이 누구냐 하면 바로 알프레드였습니다. 처음에는 알프레드의 웨섹스 왕국도 위험스러웠죠. 하지만 알프레드 왕은 전열을 재정비해서 기습

작전을 감행하는데 이 작전이 대성공을 거둡니다. 878년, 드디어 데인 바이킹 왕이 알프레드에게 항복합니다.

알프레드는 데인 왕을 기독교로 개종시켜 세례를 받게 하고, 잉글랜드를 동서로 나누어 잉글랜드 동쪽에는 데인족이 정착해서 살게 합니다. 이로 인해 이 지역을 '데인로(Danelaw)'라고 부르게 되었습니다. 데인 사람들의 법이 시행되는 지역이라는 뜻이죠. 잉글랜드 서쪽은 알프레드 자신이 직접 통치했습니다. 알프레드 왕이 잉글랜드 남서쪽의 웨섹스(Wessex) 왕국을 바이킹으로부터 지켜낸 겁니다.

알프레드 왕이 아니었다면 아마도 영어는 현재와는 매우 다른 형태일 거라고 합니다. 그만큼 이 왕의 업적이 후세에 미친 영향이 컸습니다. 그래서 영국 사람들은 그를 알프레드 대왕大王(Alfred the Great)이라고 부릅니다. 알프레드는 웨섹스 왕국을 부흥시키고 교육을 장려했습니다. 그런데 중요한 점은, 백성들을 교육하기 위해서 라틴어가 아니라 일반 백성들이 쓰는 말을 사용했다는 점입니다.

데인 바이킹들은 점령한 지역의 사원들과 서적들을 불태워 버리는 것으로 악명이 높았습니다. 데인족이 한 번 훑고 지나가면 사원 건물은 물론, 사원에 보관되어 있던 귀중한 서적들이나 필사본들이 남아나는 게 없었죠. 알프레드 왕은 데인족과 평화협정을 맺고 난 후, 백성들을 교육하고 계몽하기 위해 서적들과 필사본들을 다시 제작하게 합니다. 그리고 왕 자신부터 당시로서는 매우 늙은 나이인 마흔 살에 라틴어를 배우기 시작합니다. 유명 학자들을 유럽 대륙에서 영국으로 불러들여 라틴어 서적들을 백성들의 말인 영어(Old English)로 번역하게 합니다.

하지만 책들을 영어로 번역한다고 해서 백성들 교육 문제가 해결되는 게 아니죠. 책들을 영어로 옮겨 놔도 백성들 대부분이 그야말로 까막눈이었으니 그 책들을 읽고 배울 수가 없었던 겁니다. 그래서 그는 도처에 학교를 세우고 백성들이 글을 배우고 익히도록 적극 장려합니다. 학생들 중에 남다른 재주가 있는 사람들은 라틴어도 배우게 해서 학문의 깊이와 폭을 넓혀 갈 수 있게 했습니다. 알프레드 대왕의 이러한 학문 장려 정책이 영어의 틀을 잡게 하고 보존, 발전할 수 있게 한 것입니다. 알프레드 대왕은 영어사적인 면에서도 위대한 왕이었습니다.

08 영국이 바이킹 왕의 통치를 받다

알프레드 대왕 덕분에 영국에는 한동안 평화가 찾아옵니다. 그러다가 10세기 말경부터 바이킹들이 다시 들썩이기 시작합니다. 영국 왕을 겸직하겠다고 작심한 데인 왕은 1014년에 대대적인 공격을 감행합니다. 3년 동안 치열한 전투가 벌어졌는데, 결국 영국이 무릎을 꿇게 됩니다. 드디어 데인 왕이 영국 왕이 되어 잉글랜드 전체를 통치하는 시대를 맞게 됩니다.

툭하면 싸우면서 이겼다 졌다 하던 이 두 민족은 내내 서로 반목하기만 했을까요? 이들은 서로 가까운 부족들이고 말도 심하게 다르지 않았습니다. 학자들에 의하면, 두 민족은 상호 의사소통에 그다지 어려움이 없었다고 합니다. 두 민족이 처음에는 서로 미워했겠지만, 이웃 간에 언제까지 그러고 살 수는 없지요. 데인로 지역에 주로 정착한 데인 사람들은 영국 사람들과 혼인도 하고, 한 동네에 어울려 살기도 하면서 점차적으로 영국의 주류인 앵글로색슨 문화에 동화되었습니다.

CHAPTER 07

중세 영어 시대

노르만이란 이름은 '북쪽에서 온 사람들'이라는 뜻의 'North-men'에서 유래했습니다. 이름에서 알 수 있듯이, 북쪽 덴마크 지역에 살았던 데인족들은 영국뿐만 아니라 프랑스 땅으로도 내려가서 영국 맞은편 지역인 지금의 노르망디 지역에 터를 잡고 삽니다. 이 사람들이 세력을 키워 912년에 나라를 세웠는데, 이 나라가 노르만 공국公國입니다. 왜 공국이냐 하면, 프랑스 왕을 상관으로 모시는 나라이기 때문입니다. 노르만 나라의 최고 통치자는 프랑스 왕으로부터 작위를 받은 공작(公爵, duke)이었습니다. 그래서 공작이 통치하는 나라, 공국(公國, dukedom)이라고 부른 겁니다. 근데 말이 공국이지 이 나라가 워낙 강해서 프랑스왕도 위협을 느낄 정도였습니다.

흥미로운 점은, 프랑스에 정착한 노르만 사람들은 모국어인 데인 말을 빠르게 잊어버리고 프랑스어를 하게 되었다는 점입니다. 나라를 세운 지 100년 정도 지난 11세기 초쯤 되어서는 말은 물론, 문화, 제도 등 사회의 모든 부면이 완전히 프랑스식이 되어 버렸습니다. 그들은 혈통만 달랐을 뿐, 생각하고 말하고 행동하는 것 모두 완전 프랑스 사람이 되어버린 것입니다.

노르만 왕과 잉글랜드의 데인 왕은 서로 친인척 간이었습니다. 노르만 공국에 피신해 있다가 1042년에 영국 왕이 된 에드워드의 어머니가 노르만 왕의 누이였습니다. 이 에드워드 왕이 1066년에 사망했는데, 불행히도 왕위를 이을 후사가 없었습니다. 에드워드 왕이 죽은 바로 다음 날, 데인족 왕들을 싫어했던 영국 귀족들은 자기들 중에 세력이 가장 크면서 동시에 죽은 에드워드 왕의 처남이었던 해롤드 백작을 영국의 새로운 왕으로 추대합니다.

하지만 이 왕권 뺏어오기 작전은 노르만 공국의 왕 윌리엄의 반발로 인해 처참한 실패로 끝납니다. 윌리엄 왕은 죽은 에드워드 왕과 사촌이었고, 에드워드로부터 영국 왕위를 물려주겠다는 약속까지 받아 놨었습니다. 에드워드 왕이 윌리엄에게 잉글랜드 왕위를 물려주겠다는 말을 하는 자리에 해롤드 백작도 같이 있었다는군요. 그러니 윌리엄이 가만히 있겠어요? 윌리엄의 입장에서 보면 해롤드는 반역자이며 왕위 찬탈자인거죠.

예상대로 윌리엄은 영국 왕이 되려고 노르만 정예 부대를 이끌고 도버해협을 건너 영국에 상륙해서 해롤드 군대와 한바탕 전쟁을 치릅니다. 윌리엄의 군대가 강력하긴 했지만, 해롤드 백작도 용감했습니다. 운명의 격전지 헤이스팅스에서 영국군은 해롤드를 중심으로 용감하게 싸웠는데, 윌리엄의 지는 척하고 도망가다 매복군과 함께 반격하는 계략에 걸려들어 결국 패배하고 맙니다. 그리고 이 전투에서 해롤드 백작도 장렬하게 전사합니다.

1066년 12월 25일, 프랑스 노르만 공국의 왕 윌리엄은 런던의 웨스트민스터 사원에서 대망하던 영국 왕으로 등극합니다. 이 사건이 영국 역사, 그리고 영어의 변천 과정에서 커다란 전환점이 되는 '노르만 정복(Norman Conquest)' 사건입니다.

노르만족이 1066년에 영국을 정복한 이후 영국 왕은 물론, 귀족들까지 하나같이 프랑스어를 했습니다. 하지만 영어는 일반 백성들의 언어로 살아남게 됩니다. 어떻게 해서 영어가 살아남을 수 있었을까요? 크게 세 가지 이유를 들 수 있습니다.

첫 번째 이유는,

노르만 정복이 있기 이전에 영어는 이미 서민들의 언어로 확고하게 자리 잡고 있었기 때문입니다. 교회나 정부 문서를 프랑스어로 바꾸는 일은 어렵지 않았을지 모르지만, 서민들이 쓰는 말을 프랑스어로 바꾸는 일은 만만한 일이 아닙니다. 영어를 쓰는 서민들은 숫자 면에서도 프랑스 말을 하는 귀족들에 비해 월등히 많았습니다. 영국인들이 노르만인들에게 왕권을 내주었다고 해서 자신들이 쓰는 말까지 포기해야 할 이유는 없었습니다.

두 번째 이유는,

노르만족은 영국 정복 이후 영국 사람들과 결혼하거나 이웃으로 같이 사는 등, 기존 영국 사회에 신속하게 동화되었기 때문입니다. 물론 정복 1세대에는 계급 구분이 분명했겠죠. 하지만 세월이 가면서 두 민족은 서로 뒤섞여 누가 영국인이고 누가 노르만인인지 구별하기 어려워졌을 겁니다. 몇 명 안 되는 노르만 귀족들이 시골의 아담한 성채에서 영국 농민들에 에워싸여 살고 있는 모습을 상상해 볼 수 있을 겁니다. 이 노르만 귀족의 하인들과 집사들은 모두 영국인이고, 노르만 영주의 아이들은 영국 아이들과 같이 놀았겠죠. 노르만 귀족들은 자신의 농민들과 소통하고 자신들에 대한 반감을 무마하기 위하여 영어를 유창하게 구사했을 겁니다.

세 번째 가장 중요한 이유는,

1200년대 초 존(John) 왕 통치 기간에 노르만 귀족들이 프랑스 지역의 지배권을 상실하게 되었다는 점입니다. 노르만 영주들은 영국과 노르망디 양쪽에 영지를 가지고 있었죠. 그래서 영국과 프랑스를 왔다 갔다 하며 세월을 보냈습니다. 그런데 영국 왕 존의 결혼과 관련해서 일이 꼬이는 바람에 프랑스와 전쟁을 하게 되었고, 이 전쟁의 패배로 노르망디 영지 대부분을 잃었습니다.

1244년, 프랑스 왕은 노르망디 영주들에게 프랑스 왕에 충성하든지 아니면 영국 왕에 충성하든지 둘 중의 하나를 선택하도록 요구합니다. 노르만 귀족들은 어쩔 수 없이 영국 아니면 프랑스 둘 중의 하나를 선택하게 됩니다. 이처럼 프랑스와의 연결 고리가 점차 끊어지게 되어 프랑스어의 영향이 차단되었고, 영어가 영국 땅의 언어로 확실하게 자리 잡게 되었습니다.

03 영어는 서민의 말

노르만 정복 후 300년간 영국에는 영어를 할 줄 아는 왕이 하나도 없었습니다. 1399년 헨리 4세가 왕이 되었을 때 비로소 영국은 영어를 모국어로 하는 왕을 갖게 되었습니다. 그런데 영국 국민들은 자기네 왕이 영어를 하거나 말거나 하등의 관심이 없었죠. 사실 그런 일은 전에도 있었으니까요. 바이킹 출신 왕들도 덴마크 사람이었고, 윌리엄 바로 전의 에드워드 왕도 프랑스어를 하는 왕이었습니다. 영국 서민들은 자기네 왕이나 귀족들이 자기들처럼 말하거나 생활하기를 기대할 이유가 하나도 없었습니다.

노르만 왕조는 두 개의 수레바퀴에 의해 굴러갔는데, 하나는 프랑스어를 하는 귀족 계급이고 다른 하나는 영어를 하는 서민 계급이었습니다. 노르만족의 프랑스어가 끼친 영향은 당연히 궁정 생활, 정부, 패션, 그리고 상류사회에 국한되었고, 영국 서민들은 예나 다름없이 모국어인 영어를 하면서 먹고, 마시고, 일하고, 놀았습니다.

　이런 계급 간의 언어 차이는 직업 이름에서 두드러지게 나타났습니다. 서민들의 막노동 직업은 앵글로색슨(영어)식의 이름을 갖게 되었고, 정교하고 고급 기술이 요구되는 상류 직업은 프랑스식 이름을 갖게 되었습니다. 또 하나는 요리와 관련된 표현들입니다. 가축이 살아 있을 때 이름은 영어식 이름이고, 도살되어 요리 재료가 되면 프랑스식 이름이 붙었습니다. 그 이유를 아시겠죠? 가축을 키우는 일은 영국 농민들의 일이니까 동물 이름은 자연히 영어식입니다. 그런데 도살된 가축의 고기로 만든 요리는 노르만 귀족들이 잡수셨을 겁니다. 그러니 요리 재료에는 프랑스식 이름이 붙게 되었습니다.

1) 직업

영어식: 빵 굽는 사람(baker), 방앗간 지기(miller), 구두장이(shoemaker)

불어식: 석공(mason), 화가(painter), 재봉사(tailor)

2) 가축

살아 있을 때 : 암소(cow), 양(sheep), 숫소(ox), 개(dog)

요리 재료 : 쇠고기(beef), 양고기(mutton), 송아지고기(veal), 삼겹살(bacon)

　영어식 이름은 어딘가 좀 투박하고 서민적이죠? 프랑스식 이름은 뭔지 모르지만 고급스럽구요.

04 영국의 노르망디 소유권이 흔들흔들

　영국 땅이었던 프랑스 노르망디가 영국에서 멀어지게 된 건 영국의 존 왕 때입니다. 존은 남의 약혼녀를 탐내는데, 이 여인이 바로 이자벨입니다. 이자벨이 누구냐 하면 막강 권력의 뤼지냥(루시그난) 가문의 위그(휴)라는 분의 약혼녀였습니다. 하지만 존은 이자벨의 의사는 싹 무시하고 1200년에 그녀와 결혼합니다. 그리고는 뤼지냥 가문까지 공격해 버립니다. 왕한테 덤비지 말고 가만히 있으라는 경고 차원에서 미리 손을 본 것이죠.

그런데 당한 사람이 가만히 있나요? 뤼지냥 가문은 프랑스 왕 필립 2세를 찾아가서 존 왕을 고발합니다. 필립은 존에게 프랑스 궁정에 출두해서 이 문제에 대해 소명할 것을 요구합니다. 하지만 존이 갈 리가 없죠. 존은 소환에 불응했고, 필립은 이를 핑계로 존이 소유하고 있던 노르망디 영지를 접수해 버립니다. 존은 노르망디 땅을 되찾으려고 프랑스와 전쟁을 벌이지만 필립 2세에게 패하고 노르망디 땅 대부분을 잃습니다. 이로 인해 존은 '실지失地왕(Lackland)'이라는 불명예스러운 별명까지 얻습니다.

1244년에는 프랑스 왕 루이 9세가 노르망디에 영지를 가지고 있던 영국의 귀족들에게 영국을 섬기든 프랑스를 섬기든 둘 중에 하나를 택하라고 요구합니다. 노르만 귀족들은 슬금슬금 눈치도 보고 자신의 이해득실도 따져가며 노르망디와 영국에 있는 땅을 서로 맞바꾸는 방식으로 이쪽, 또는 저쪽으로 줄을 서게 됩니다.

05 백년전쟁 - 노르망디여, 안녕!

이런 식으로 노르망디를 놓고 영국과 프랑스의 갈등이 계속되는데, 이 갈등의 정점이 바로 백년전쟁입니다. 1337년, 프랑스 왕 필립 6세는 영국 왕 에드워드 3세가 가지고 있던 프랑스 영지를 몰수해 버립니다. 이에 화가 난 에드워드가 프랑스에 선전포고를 하면서 이 기나긴 전쟁의 막이 오릅니다.

백년전쟁은 1453년까지 100년 이상이나 계속됩니다. 하지만 이 기간 내내 쉬지 않고 싸움을 한 건 아닙니다. 백 년 동안 쉬지 않고 전쟁을 한다면 거덜 나지 않을 나라가 없겠죠. 하다 쉬다 했습니다. 영국이 전쟁을 주도하면서 계속 우세를 지켜 갔는데, 막판에 프랑스가 묘령의 여인을 앞세워 전세를 극적으로 뒤집고 프랑스 땅에서 노르만 영국인들을 몰아냅니다.

그 결과 영국은 대륙에 대한 미련을 접고 섬나라 일에 몰두합니다. 영국이 본격적으로 영국의 길을 가기 시작한 겁니다. 영어도 프랑스어의 영향에서 완전히 벗어나 영국 땅 주인 언어의 지위를 되찾습니다. 이제 영국 왕으로부터 서민에 이르기까지 모든 영국 사람의 모국어는 영어입니다.

06 영어 방언이 많아지다

프랑스어가 지배하던 300년 동안 영어는 그야말로 아무 간섭 받지 않고 저 좋은 대로 바뀌고 진화해 갔습니다. 그러다 보니 지역별로 많은 방언들이 생겨났습니다. 그러다 프랑스어가 사라지고 영어가 공식어가 되어 정부 문서 작성과 문화 활동의 수단으로 다시 등장하게 되었습니다. 이때 영어의 발음과 철자가 서로 맞지 않는 일들이 생기게 됩니다. 방언들도 많고, 철자 방식도 제각각이던 상황에서 영어가 공식어가 되다 보니 발음과 철자가 뒤섞이는 일이 발생하게 된 겁니다. 발음은 이쪽 방언, 철자는 저쪽 방언, 이런 식이 되어 버린 것이죠.

한 예로 'busy'와 'bury'라는 단어가 있습니다. 그런데 발음은 'bizzy', 'berry'인 것처럼 발음합니다. 철자와 발음이 맞질 않습니다. 왜 이렇게 되었을까요? 당시 이 두 단어의 철자 방식은 영국 서쪽 지방의 철자 방식이었는데, 발음 'bizzy'는 런던 지역, 'berry'는 켄트 지역의 발음이었답니다. 철자는 서쪽, 발음은 동쪽, 이렇게 조합된 것이죠. 이렇게 틀어진 조합이 현재까지 그대로 이어지고 있습니다.

우리에게도 익숙한 '캔터베리 이야기'의 작가 제프리 초서(Geoffrey Chaucer, 1343~1400)는 중세 영어 시대를 대표하는 작가입니다. 포도주 상인의 아들로 태어난 초서는 넉넉했던 집안 형편 덕에 고등 교육을 받고 귀족 가문의 급사로 일하기도 했습니다. 그리고 정부의 주요 업무 등을 수행하기도 하지만, 서민들의 삶도 직접 보고, 느낄 수 있었다고 합니다. 그의 이러한 다양한 경험과 당시 사회에 대한 깊은 통찰이 배어 나온 작품이 바로 '캔터베리 이야기(The Canterbury Tales)'입니다.

'캔터베리 이야기'가 영어 및 영문학사에서 기념비적인 위치를 점하는 이유는, 초서가 모국어인 영어로 이 작품을 썼기 때문입니다. 이 작품을 통해 초서는 영어가 하층 사람들이나 쓰는 거칠고 무식한 말이 아니라, 풍부한 표현력과 높은 문학적 완성도를 구현할 수 있는 훌륭한 언어라는 것을 보여 주었습니다. 그래서 초서를 '영문학의 아버지'라고 부릅니다. 나중에 등장하는 대문호 셰익스피어도 초서의 작품들 없이는 탄생할 수 없었을 거라고 할 정도입니다.

'캔터베리 이야기'를 간단히 소개하자면, 런던의 한 여관에 기독교 성지인 캔터베리 대성당으로 가는 31명의 순례자들이 모여듭니다. 이들은 상류 신분인 기사(Knight)부터 의사, 법률가, 수녀, 상인, 방앗간 주인, 요리사에 이르기까지 다양한 계층의 사람들입니다. 이 사람들이 저마다 하나씩 이야기 보따리를 풀어 놓는데, 바로 이들의 이야기를 모아 놓은 것이 '캔터베리 이야기'입니다. 그러니까 이 책은 설화 모음집이라고 할 수 있지요. 초서가 일찍 사망하는 바람에 31명 모두가 이야기 보따리를 풀지 못하고 24명의 이야기로 끝이 납니다.

08 사람들 이름에 성姓이 사용되기 시작하다

초서가 살았던 시기쯤에 영국 사람들 이름에 성(family name)이 사용되기 시작했다고 합니다. 이전까지는 단순히 이름만으로 불렸겠죠. John, Tom, Peter, Richard 등으로 말입니다. 그러다 이름만 가지고는 구별이 안 되니까 '~의 아들'이라는 의미로 '-son'이라는 말을 아버지 이름에 덧붙였습니다. Johnson, Thomson, Peterson, Richardson, 이렇게 말입니다.

사회가 더 복잡해지고 인구도 늘면서 이런 정도로는 집안 구분이 제대로 안 되니까, 새로 생각해 낸 것이 자신들이 사는 동네의 특징을 사용하는 겁니다. Rivers, Brooks, Hill 등등. 좀 더 나아가 마을이나 도시 이름을 사용하는 경우도 생겨났습니다. Lincoln, Washington, Cleveland 등. 이렇게 해도 집안 구별이 안 되면 그 집안의 직업을 사용하는 겁니다. 사실 직업 이름이 성으로 바뀐 경우가 참 많습니다. Smith(대장장이), Baker(빵 굽는 사람), Hunter(사냥꾼), Miller(방앗간 주인), Thatcher(지붕 잇는 사람) 등등. 이런 방식으로 사람들이 집안을 구분해 부르면서 영국 사람들의 성姓이 정착되기 시작했습니다.

참고로 MacDonald, McArthur같이 'Mc~', 또는 'Mac~'으로 시작되는 성이 있는데, 이 표현은 스코틀랜드에서 유래한 것으로 'son of~'라는 뜻입니다. 그러니까 MacDonald는 '도날드의 아들'이라는 뜻이죠.

09 윌리엄 캑스턴의 공헌

말은 세월 따라 변하는데, 말을 붙잡아 두는 글은 잘 변하지 않습니다. 영어의 모음이 크게 변해 가는 같은 시기에 영어를 붙잡아 두는 인쇄, 출판 사업이 영국에서 활발하게 펼쳐집니다. 서적 출판업 발달에 지대한 공을 세운 사람이 인쇄업자 윌리엄 캑스턴(William Caxton, 1422~1491)입니다.

캑스턴은 독일에서 구텐베르크가 금속활자를 발명하여 급속히 발전하고 있는 인쇄 기술에 매료되었습니다. 유럽에서 인쇄술을 배우고 영국으로 돌아온 캑스턴은 1476년부터 웨스트민스터 성당 부근에 인쇄소를 세우고 온갖 종류의 책을 제작, 판매하기 시작했습니다. 돈도 많이 거둬들였죠.

캑스턴이 인쇄업으로 성공을 거두자 다른 사람들도 경쟁적으로 인쇄소를 차렸습니다. 그런데 당시 영국의 인쇄공들 중 상당수는 독일이나 네덜란드 사람들이었다고 합니다. 그곳에서 인쇄업이 먼저 발달했으니까 그쪽 기술자들을 불러다 쓴 거죠. 그런데 외국 인쇄공들이 영어를 잘 모르다 보니 단어 철자를 모를 때면 대충 제 맘대로 철자를 조합해서 인쇄했습니다.

이들은 한 술 더 떠서, 여백을 메꾸거나, 칸을 맞추기 위해 단어 철자를 바꾸거나 아예 빼 버리기도 했다는군요. 또 인쇄공마다 나름 선호하는 철자 방식이 있어서 누가 인쇄했느냐에 따라서 한 단어가 대 여섯 가지의 다른 철자로 인쇄되곤 했습니다. 단어 철자가 인쇄소마다 다르다 보니 독자들이 혼란스러워 했겠죠. 단어의 철자를 통일하려는 기운이 자연스럽게 퍼지기 시작했습니다.

이때 캑스턴은 당시 인쇄업의 중심지였던 런던 지역에서 통용되는 철자 방식을 주로 채택했습니다. 이렇게 하여 런던 지역의 단어 철자 방식이 대세를 얻게 됩니다. 시간이 가면서 런던 지역의 철자 방식이 모든 형태의 인쇄물에 사용되는 표준이 되었습니다.

꽤 오랫동안 많은 불규칙한 철자들이 쓰이기는 했지만, 1600년대 중반쯤 되어서는 영어 단어의 철자가 거의 단일화 되었습니다. 이렇게 철자가 일관성을 갖게 되니까 이제는 영어 철자를 바꾸는 일이 거의 불가능해졌습니다. 캑스턴 이후로 발음과 철자를 서로 맞춰 보려고 여러 사람이 많은 시도를 했지만, 성공한 사람이 없었습니다. 말이야 변하든 말든, 인쇄 사업은 영어 철자를 그야말로 화석처럼 굳혀 버린 겁니다.

중세 영어 시대는 대략 1150년부터 1500년까지를 가리킵니다. 하지만 언어는 한순간에 변하는 것이 아니라, 알게 모르게 점차로 변해갑니다. 따라서 중세 영어가 1150년부터라고 해서 그때 별안간 변화가 시작된 게 아닙니다. 그 이전부터 이미 진행되고 있던 변화들이 그쯤부터 기록에 나타나기 시작한 것입니다. 말이 먼저 변하고 뒤를 이어 그 말을 기록하는 글이 변합니다.

하지만 말은 녹음이 남아 있는 것도 아니니 알 길이 없고, 문서에 나타난 변화를 근거로 연구하는 수밖에 없죠. 중세 시대의 기록물에 나타난 특징들을 가리켜 중세 영어라고 하기는 하지만, 변화는 그 이전부터 이미 진행되어 온 것입니다. 따라서 중세 영어라는 표현 자체가 좀 안 맞기는 합니다.

어쨌건 중세 영어의 가장 큰 특징은 단어 어미가 변하는 굴절 현상이 대부분 사라지고, 그 기능을 by, with, on, for, from 등과 같은 전치사들이 담당하게 되었다는 점입니다.

CHAPTER 08

현대 영어 시대

01 영어의 모음 대이동

1400년에서 1600년 사이에 영어 모음에 커다란 변화가 일어납니다. 그런데 이 변화가 하도 대단해서 '모음 대이동(the Great Vowel Shift)'이라고 합니다. 이 시기에 여러 단계를 거쳐 영어 모음 소리가 현재의 모음 소리와 비슷하게 바뀝니다. 모음 대이동의 요체는 영어 장모음의 발음 위치가 입안에서 한 단계씩 높아지게 된 것입니다.

간단히 설명하자면, 모음 중 제일 높은 위치에서 발음되는 소리는 두 개입니다.

1) [i]: 혀의 앞부분이 앞쪽 입천장으로 다가가 입천장과 혀 사이에서 나는 소리

2) [u]: 혀의 뒷부분이 위로 올라가 안쪽 깊숙한 입천장과 혀 사이에서 나는 소리

이 두 소리보다 더 높은 위치에서 나는 모음 소리는 없습니다. 혀가 더 높아지면 혀와 입천장이 서로 달라붙게 되니까 모음이 아닌 다른 소리가 됩니다.

그런데 자기보다 아래에서 소리 나는 모음들이 치받고 올라와 [i]와 [u] 자리를 꿰차니까, 이 두 모음들은 자기 소리를 낼 자리를 잃어버렸습니다. 그래서 하

는 수 없이 낮은 모음 소리 [a]를 앞에 붙여서 이중모음으로 변하게 되었습니다.

[i] → [ai]

[u] → [au]

예를 들면, name의 a 발음을 중세 영어 시대에는 "나아메"(장모음)라고 발음했었는데, 이게 "네엠"이라고 발음되다 시간이 더 흐르면서 "네임"으로 변하게 되었습니다. 그러니까 name의 모음 a가 '아-'로 발음되다 '에' 소리로 바뀌고, 나중에는 현재 우리가 발음하는 '에이'라는 이중모음으로 바뀌게 된 겁니다. '아-', '에', '에이'를 천천히 발음하면서 혀가 입천장 쪽으로 점점 올라가는 것을 느껴 보세요. 혀와 입천장 사이의 공간이 점점 좁아지는 것을 느끼게 될 겁니다. 혀의 위치가 점점 위로 올라간 것입니다.

이런 식으로 영어 장모음들의 소리가 큰 변화를 겪게 됩니다. 왜 이런 변화가 오게 되었는지는 정확히 알 수 없습니다. 언어가 변한다고는 하지만, 비교적 짧은 기간에 모음 변화가 매우 광범위하게 온 것이 참 특이합니다.

그런데 여기서 주목해야 할 점은, 단어의 철자는 변하지 않은 채 발음만 변했다는 점입니다. 전에는 모음 철자와 발음이 그런대로 얼추 맞았는데, 모음 대이동으로 소리만 변하니까 모음 철자와 발음 사이에 간격이 생기게 되었습니다.

02 "성경을 번역하자!" 선두주자는 존 위클리프

가톨릭교회의 부패가 심해지자, 성경 말씀의 중요성이 점점 부각되기 시작했습니다. 교황이나 교회의 말이 아니라, 성경 말씀을 직접 읽어야 하느님의 뜻을 알 수 있다는 생각이 점점 퍼지게 됩니다. 라틴어로 아주 조금만 인쇄되어 소수 교직자들만이 소유할 수 있었던 성경을 자기 나라말로 번역하여 대량 보급하려는 움직임이 유럽에서 서서히 일어나기 시작합니다.

영국에서도 이 기운이 움트게 되는데, 이를 행동으로 옮긴 사람이 바로 존 위클리프(John Wycliffe, 1328~1384)였습니다. 성경 전체를 영어로 번역하는 일을 완성한 사람은 위클리프가 처음이었습니다. 하지만 위클리프 혼자 한 건 아니고, 여러 사람이 나누어서 번역했습니다. 이들은 라틴어 불가타(Vulgate)역을 영어로 번역했는데, 그 팀의 리더가 위클리프였던 겁니다.

1382년에 영어 성경이 출판되었는데, 위클리프의 이름을 붙여 '위클리프 성경'이라 불립니다. 그런데 번역에 좀 문제가 있었습니다. 라틴어 불가타(Vulgate) 성경에 너무 충실한 나머지 상당히 많은 라틴어 단어들을 그대로 썼습니다. 영어로 번역을 하기는 했지만, 라틴 단어들이 너무 많이 나오는 바람에 번역이라고 하기 곤란할 정도였습니다. 1천 개 이상의 라틴 단어가 그대로 쓰였다고 합니다. 하지만 세월이 가면서 이 라틴 단어들 대부분이 영어 단어가 되었습니다.

03 원어에서 직접 번역한 사람은 윌리엄 틴들

"하느님께서 내 생명을 허락하신다면, 몇 년 안 되어 밭고랑 가는 저 소년이 당신보다 성경을 더 많이 알게 될 겁니다." 윌리엄 틴들(William Tyndale, 1494~1536)이 오만한 신학자 앞에서 선언한 말입니다. 그리고 그는 이 말을 실현시킵니다. 성경을 읽기 쉬운 영어로 번역해서 영국 전체에 보급하면서 말입니다.

윌리엄 틴들은 1515년 7월, 불과 21세의 나이에 옥스퍼드 대학교에서 문학 석사 학위를 취득했습니다. 그는 라틴어와 그리스어 연구에 매우 뛰어났습니다. 틴들은 성경을 영어로 번역하기로 결심하고 작업을 시작했는데, 워낙 반대와 협박이 심해서 결국 1524년 유럽으로 건너갔습니다. 그리고 다시는 고국으로 돌아오지 못했습니다.

틴들은 히브리어와 그리스어 원전에서 직접 영어로 번역했습니다. 우선 신약 성경을 완성하여 1526년에 독일에서 6,000권을 인쇄했습니다. 하지만 번역해서 인쇄하는 것보다 성경을 영국으로 들여오는 것이 더 문제였습니다. 교회와 정부의 반대가 워낙 심했기 때문입니다. 하지만 상인들의 도움으로 성경을 옷감이나 여타 화물 속에 숨겨 몰래 들여와 유포시켰습니다.

지금까지 남아 있는 이 초판 성경은 딱 두 권입니다. 겉장만 없어지고 나머지는 그대로 보존되어 있는 한 권은 현재 영국 도서관에 있습니다. 다른 한 권은 71쪽이 불에 타서 없어진 채로 런던에 있는 성 바오로 대성당의 도서관에서 발견되었습니다. 교회가 그렇게 반대했던 이 성경 번역본이 어떻게 이 성당 도서관에 있게 되었는지는 아무도 모릅니다.

틴들은 유럽에서 은신처를 바꿔 가며 구약성경 번역에 매진합니다. 하지만 가톨릭 교직자들의 끈질긴 추적을 피하지 못하죠. 윌리엄 틴들은 그토록 염원했던 성경 번역을 완수하지 못한 채 결국 1535년 네덜란드의 앤트워프에서 체포된 후, 다음 해에 화형당합니다.

04 헨리 8세가 성서번역을 명령하다?

윌리엄 틴들이 활동했던 시기에 영국 왕이 누구냐 하면, 오매불망 아들을 얻기 위해 부인 갈아 치우기로 유명했던 헨리 8세였습니다. 그런데 흥미로운 것은 헨리 8세기 윌리엄 틴들을 처형한 지 얼마 안 돼서 영어 번역본 성경을 출판하도록 지시했다는 점입니다. 아니, 성경 번역을 그렇게 막은 왕이 금세 마음이 바뀌어 영어 성경 출판을 명령한 배경이 무엇이었을까요?

그건 헨리 8세가 본부인과 이혼하는 사건 때문이었습니다. 헨리 8세의 형이 캐서린과 결혼했는데 형이 갑자기 죽습니다. 헨리 8세는 정치적인 문제로 어쩔 수 없이 형수 캐서린과 결혼합니다. 캐서린이 아들을 낳아 주었으면 괜찮았을 텐데 딸 메리를 제외하고는 태어난 아이들 모두 얼마 못 가 죽습니다. 헨리 8세는 새 연인 앤 볼린과 결혼하려고 캐서린과 이혼을 선언합니다.

헨리 8세의 이혼을 교황이 받아들일 리 없죠. 교황은 헨리 8세를 파문합니다. 하지만 헨리 8세는 더 세게 나갑니다. 1534년에 '국왕지상법(수장령)'을 반포하여 영국 교회를 로마교황청에서 영국 왕의 소유로 등기를 아예 바꿔 버립니다. 사태가 이렇게 되어 교황과 영국 왕이 원수 사이가 되었으니, 교황이 좋아할 일을 영국 왕이 할 이유가 없죠. 오히려 자기 백성이 영어로 된 성경을 읽도록 장려하여 영국 교회의 새로운 수장다운 면모를 과시하는 것이 필요하게 된 겁니다.

헨리 8세에 의해 1539년에 출간된 성경을 '대성서(The Great Bible)'라고 하는데, 그 이유는 성경의 판형이 컸기 때문입니다. 내용은 윌리엄 틴들의 성경을 조금 손 본 정도였습니다.

05 영어 문화의 위대한 유산 - 킹 제임스 성경

"번역은 빛이 들어오도록 창문을 열어 주고, 성스러운 땅이 보이도록 장막을 걷어 주고, 물을 마실 수 있도록 우물 덮개를 치워 주는 것이다." 제임스 1세가 발간한 킹 제임스 성경의 서문에 있는 표현입니다.

여왕 엘리자베스 1세 뒤를 이어 1603년 왕위에 오른 제임스 1세는 47명의 학자들을 동원하여 성경 번역을 대대적으로 추진합니다. 학자들은 '위클리프' 성서, '윌리엄 틴들' 성서, 대성서, 제네바 성서, 비숍 성서 등 당시 영어로 출판된 모든 성경들을 검토했습니다. 1611년, 드디어 영어 성경이 출판되었는데, 이것이 바로 '킹 제임스(흠정역) 성경'입니다. 킹 제임스 성경은 그동안의 업적이 누적된 결과물이라고 할 수 있지만, 틴들의 성경이 가장 큰 영향을 주었습니다.

1998년에 킹 제임스 성경을 전체적으로 분석하는 작업이 있었습니다. 그 결과 신약의 84%, 구약의 75.8%가 틴들이 사용한 단어를 그대로 사용했음을 알게 되었습니다. 옥스퍼드 문학 사전은 이렇게 말하고 있습니다. "킹 제임스 성경은 사실상 틴들의 번역 그대로이며, 위클리프의 번역이 약간 섞여 있을 뿐이다."

틴들의 번역은 장중한 문체와 간결하고 힘 있는 표현, 생생한 이미지와 유려한 리듬감으로 영어 산문 중에 가장 숭고한 업적으로 평가받고 있습니다. 틴들은 '여호와(Jehovah)', '유월절(Passover)', '대속(Atonement)', '속죄양(Scapegoat)' 같은 용어들을 영어로 처음 사용했는데, 지금까지도 영어 성경에 널리 쓰이고 있습니다. 그리고 킹 제임스 성경은 수많은 영어 문학 작품에 인용되었고, 지금도 인용되고 있습니다. 이 성경의 많은 표현들이 영어 관용구 속에 녹아들어 일상용어의 일부가 되기도 했습니다.

게다가 영국이 세계를 지배하는 대제국이 되어 세계 곳곳에 식민지를 세우면서, 영국 깃발이 꽂히는 곳에는 어김없이 이 성경이 보급되어 전 세계 기독교에 엄청난 영향을 끼쳤습니다. 하지만 요즘은 영향력이 예전만 못합니다. 우선 이 성경 이후로 영어 자체가 많이 변했고, 이해하기 쉬운 현대 영어로 다양한 번역본들이 출판되어 많은 사람들의 사랑을 받고 있기 때문입니다.

06 부족한 어휘를 보강하자! - 'inkhorn terms'

국민의 언어인 영어로 고매하고 철학적인 생각이나 논리를 담으려니 영어 어휘가 부족하다는 것을 당시 지식인들이 실감하게 됩니다. 그래서 영어 어휘를 늘리는 작업이 본격적으로 시작됩니다. 어휘를 늘리는 제일 쉬운 방법은 남의 나라 말을 가져오는 겁니다. 영어는 주로 라틴어, 그리스어, 프랑스어에서 새로운 어휘를 가져왔습니다. 새로운 어휘는 두 가지 과정을 거쳐 영어 어휘에 편입되었는데, 하나는 외국어 철자를 그대로 쓰는 거였고, 다른 하나는 외국어 철자를 영어식으로 변형하여 사용하는 것이었습니다.

새로운 어휘 도입 작업이 16세기에 매우 활발하게 진행되었는데, 이렇게 들어온 외국어 단어들을 'inkhorn terms(잉크 통 단어들)'이라고 합니다. 옛날에는 글을 쓸 때, 동물의 뿔 안쪽을 파내어 만든 통에 잉크를 담아 사용했습니다. 그래서 ink와 horn을 붙여 'inkhorn'이라는 단어가 만들어졌습니다. 과거에는 문서나 글을 쓰는 일 자체가 학자들이나 필사자들의 독점적 특권이었습니다. '잉크통 단어들'이라는 표현을 처음 쓴 사람은 토마스 윌슨(Thomas Wilson)이라는 학자였습니다. 이 사람은 외국 단어들이 무분별하게 영어에 마구 들어오면 영어의 순수성이 훼손될 거라고 우려했습니다. 그래서 이런 외국 단어들을 다소 비꼬는 뜻으로 이 표현을 사용했습니다.

외국어를 즐겨 사용하는 경향이 처음에는 영어로 번역할 때 나타나다가, 나중에는 직접 영어로 글을 쓰는 경우에도 흔하게 나타나기 시작했습니다. 단순한 영어 단어보다 외국 어휘들이 자기 생각을 더 정확하게 표현한다고 생각했던 것이죠. 이런 경향이 소위 학식 있는 사람들 사이에 크게 유행했습니다.

외국어에서 영어로 새로 추가된 어휘 수가 16세기에만 1만여 개에 달했다는군요. 17세기에 들어와서는 외국어를 빌려 쓰는 것보다는 외국어를 지나치게 많이 차용하는 것에 대한 우려가 더 많았습니다. 하지만 이 단어들 모두가 현재까지 사용되지는 않습니다. 어떤 단어들은 한두 번 쓰이다가 사라지기도 했습니다. 전문가들이 연구한 결과에 따르면, 잉크 통 단어들 중 5,000개 정도가 현재에도 사용되고 있답니다. 수많은 '잉크 통 단어들'이 영어에 들어와서 결과적으로는 표현의 풍부함과 품위를 더해 주고 미묘한 의미 차이도 표현할 수 있게 해 주었습니다.

현재까지 사용되고 있는 잉크 통 단어들을 예로 들면,

reciprocal: 상호의; 호혜적인(common)

defunct: 현존하지 않는; 기능이 정지된(dead)

multitudinous: 수가 많은; 광대한(many)

어떤가요? 단어들이 좀 현학적인 느낌이 들죠?

영어에는 쉽고 간단한 단어들과 더불어 이런 품격이 느껴지는 단어들도 생겨나서 장중하고, 폼 나는 문장을 쓸 때 적절히 사용하여 문장이나 문서의 품위를 높일 수 있게 되었습니다.

영어 이야기를 하면서 셰익스피어(William Shakespeare, 1564~1616)를 언급하지 않는다면 그야말로 뭐 없는 뭐일 겁니다. 셰익스피어의 작품들은 현재에 이르기까지 400여 년 동안 전 세계 영어권 나라는 물론이고, 수많은 외국어로 번역되어 읽히고, 연구되며, 무대에서 공연되고, 음악으로 작곡되었습니다. 현대에 와서는 다양한 장르의 영화, 뮤지컬로도 만들어지며 끊임없이 확대·재생산되고 있습니다. 셰익스피어에 관한 연구, 저술, 공연 등의 활동은 하나의 '산업'이라고 할 수 있을 정도입니다. 세계 문학사상 이처럼 관심과 연구의 대상이 된 작가는 없습니다. 도대체 무엇이 그를 그렇게 유명하게 만든 걸까요?

우선 셰익스피어의 작품들은 영어의 위상을 높이고 발전시키는 데 크게 기여했습니다. 셰익스피어가 영어에 미친 영향은 킹 제임스 성경이 미친 영향에 필적한다고 합니다. 대단한 찬사이지요. 킹 제임스 성경과 마찬가지로, 그의 작품에 나오는 표현들 중 아예 영어 관용구가 된 것들이 대단히 많습니다. 또한 그는 '신조어'의 대가이기도 했습니다. 그의 작품에 사용된 단어가 약 2만 개라고 하는데, 그중 그가 직접 만들거나 조립하여 쓴 새로운 단어가 약 2천 개나 된다고 합니다.

문학적인 면으로는, 셰익스피어 희곡에 나오는 인물들은 매우 입체적이고 사실적인 인물로 등장합니다. 햄릿, 팔스타프, 이아고, 그리고 맥베스 같은 인물들은 참으로 현실감 넘칩니다. 어느 평론가는 셰익스피어 작품의 등장인물에 대해 "그들은 물론 허구의 존재이지만, 그 사실성은 우리의 사실성을 능가한다."고 말했습니다. 인물 묘사에 일대 혁신을 이룬 셈이죠. 또한 셰익스피어는 시에서도 영국형 소네트(English Sonnet)의 형식을 완성시켰고, 영어를 자유자재로 구사하여 영어의 무한한 가능성을 보여 주었습니다.

셰익스피어가 활동하던 시기가 바로 엘리자베스 1세가 통치하던 시대였습니다. 국력과 문화가 융성했던 영국 르네상스의 절정기였죠. 그가 살았던 시대와 환경이 그의 언어적 천재성과 어우러져 영국 문학사상 최고의 극작가가 탄생하게 된 것입니다.

08 '영어 아카데미'를 세웁시다!

18세기에 들어서자, 16~17세기에 걸쳐 활발하게 전개되었던 영어의 자유분방한 팽창에 대한 반작용이 고개를 들게 됩니다. 영어가 너무 급격하게 커지고 변하다 보니, 이제는 영어의 어법과 문법을 표준화해야겠다고 생각하게 된 겁니다. 그래서 나온 제안이 '영어 아카데미(English Academy)'를 설립하자는 것이었습니다.

아카데미 설립은 다른 나라에 이미 선례가 있었는데, 이탈리아와 프랑스였습니다. 이탈리아는 르네상스 발원지답게 1582년에, 프랑스는 1635년에 아카데미가 설립됩니다. 영국에서도 1662년에 학자들의 단체가 설립되는데, 이게 바로 '왕립학회(Royal Society)'입니다.

이탈리아와 프랑스의 아카데미는 자기 나라말을 바로잡고 문법과 어법을 확립하는 일을 열정적으로 수행합니다. 이탈리아 아카데미는 1612년에 라틴어 사전을 출간했고, 프랑스 아카데미도 1694년에 프랑스어 사전을 출간하기에 이릅니다. 그러니 영국 왕립학회도 가만히 있질 않겠죠. 영어를 제대로 다듬어 볼 요량으로 회의를 소집합니다. 그런데 서너 번 모임을 갖더니, 이 일이 더 이상 추진되질 않습니다. 영국 왕립학회는 자연과학 분야는 열정적으로 추진했지만, 영어를 다듬는 일에는 그다지 관심이 없었나 봅니다.

그러니 어쩌겠어요. 영어를 연구하고 바로잡는 일을 전문적으로 수행하는 기관인 이른바 영어 아카데미를 설립해야 한다는 요구가 여기저기에서 나오게 되었습니다. 그리고 이 주장이 서서히 탄력을 받기 시작합니다. '걸리버 여행기'로 유명한 작가 조나단 스위프트가 이 운동에 핵심적인 역할을 합니다. 1712년 스위프트는 점점 오염되어 가고 있는 영어를 바로잡기 위해 영어 아카데미를 설립해야 한다고 공개적으로 주장합니다.

스위프트의 영어 아카데미 설립 운동도 동력을 받지 못하고 사그라듭니다. 그 이유 중의 하나가 바로 '프랑스 아카데미'에 대한 부정적인 평가였습니다. 영국 학자들은 '프랑스 아카데미'가 프랑스어 발전과 표준화에 기여하는 게 아니라 도리어 해를 끼친다고 생각했습니다. 살아 움직이는 언어를 소수의 학자들이 콩이야 팥이야 따지고, 자의적으로 표준을 정하고는 이게 옳으니 저게 틀렸느니 한다 한들 언어가 그분들의 뜻대로 고쳐질까요? 언어가 변하는 것을 사람이 인위적으로 막을 수 없다는 것을 영국의 지식인들은 깨달은 겁니다.

이런 생각을 가진 사람들이 스위프트와는 반대로 영어 아카데미 무용론을 주장했습니다. 그중에 주목할 만한 사람이 둘 있었는데, 한 사람은 사전을 편찬해서 유명해진 사무엘 존슨(1709~1784)이고, 또 한 사람은 산소를 발견한 과학자로도 유명한 조셉 프리슬리(1733~1804)였습니다. 사무엘 존슨은 자신이 편찬한 영어 사전의 서문에서 영어 아카데미가 설립된다면 자유를 존중하는 영국의 정신이 크게 훼손될 거라고 우려했습니다. 영국 사람들은 자신의 언어를 사용하는 면에서 자유로워야 한다고 주장한 것입니다.

과학자, 문법학자 겸 신학자인 조셉 프리슬리도 영어 아카데미 설립에 반대하면서 다음과 같이 말했습니다. "영어 아카데미는 자유국가의 천재들에게 어울리지 않는다. 언어는 시간이 흐르면 그 스스로 우수한 형식을 갖추게 될 것이다. 시간으로 하여금 언어의 형식을 선택하게 맡기는 것이 조급하고 편파적인 소수의 사람들에게 맡기는 것보다 낫다." 많은 사람들이 지속적으로 사용하는 어법이 가장 좋은 어법이라는 겁니다. 매우 이치적이고 현대적인 생각이죠.

결국 영국에서는 영어 아카데미가 설립되지 않았습니다. 언어는 소수의 학자들이 표준을 세울 수 없다는 것을 받아들인 것입니다.

10 사무엘 존슨의 영어 사전

그렇다고 영국이 모국어의 발전과 표준화에 관심이 없었다는 것은 아닙니다. 도리어 다른 어느 나라보다 모국어를 가꾸고 다듬고자 하는 열망이 뜨거웠다고 할 수 있습니다. 영어 아카데미는 설립되지 않았지만 영어에 관심과 애정을 가진 수많은 사람들이 자발적으로 다양한 사전과 문법책들을 출판하며 영어 발전에 적극적으로 기여합니다.

사전 편찬 분야에 가장 대표적인 사람이 바로 사무엘 존슨 박사입니다. 존슨은 1755년에 "A Dictionary of the English Language"라는 제목의 영어 사전을 출간합니다. 이 영어 사전은 사전 편찬의 정석을 보여 주는 모범적인 사전이라고 말할 수 있습니다. 사무엘 존슨의 사전이 위대한 이유는 단어의 다양한 의미와 뉘앙스를 직접 확인하고 느낄 수 있도록 많은 인용문을 수록했다는 점입니다. 단어의 뜻을 그 단어의 용도에 따라 정의했고, 다양하고 권위 있는 서적에 사용되었던 문구들을 함께 소개하여 용례를 실제로 확인할 수 있게 했던 것이죠. 이에 더해 영어의 역사와 문법에 대해서도 별도의 장을 만들어 다루었습니다.

한 가지 더 놀라운 사실은, 이 방대한 작업을 사무엘 존슨 혼자서 해냈다는 점입니다. 나중에 단순한 사무적인 작업을 하는 사람을 고용한 것 말고는 모든 기획, 단어 선정, 용례 수집과 정리 등 핵심적인 일들을 혼자 해치운 것이죠. 더구나 처음에는 3년이면 끝낼 수 있을 거라고 출판업자들에게 큰소리까지 쳤답니다. 실제는 9년이 걸렸습니다.

존슨의 사전에 수록된 어휘 수는 4만 개가 넘고, 이 단어들의 용례는 모두 11만4천 개에 달합니다. 대단한 작업이죠. 이 용례가 추출된 각종 서적들도 대부분 사무엘 존슨 본인의 서재에 있었다고 합니다. 존슨의 폭넓은 학식과 업무 집중력, 그리고 영어에 대한 깊은 사랑과 열정을 짐작케 합니다.

존슨의 영어 사전은 그 이후 발행된 모든 사전의 규범이 되었습니다. 존슨 이후 더 세련되고, 더 폭넓고, 상관관계 설명을 더 잘하는 사전들이 출간되기는 했지만, 사전이 갖추어야 할 기본 틀은 존슨에 의하여 확립되었다고 보는 것이 맞습니다.

11 같은 시기에 영문법이 확립되다

이와 비슷한 시기에 수많은 학자들이 여러 종류의 영문법 책들을 출간하면서 영어가 다듬어지고 영문법이 확립됩니다. 이 당시에 정리된 용법을 하나 소개하겠습니다.

He is taller than I.
He is taller than me.
He likes you better than I.
He likes you better than me.

위의 비슷한 두 문장 중에 어느 것이 올바른 문장일까요?

둘 다 무슨 뜻인지는 금방 알 수 있죠. 하지만 어느 것이 더 어법에 맞는가에 대해서는 논란이 많았습니다. 그런데 이 문제가 이렇게 정리되었습니다.

He is taller than I.
He likes you better than me.

왜 그런지 금방 이해되시죠?

He is taller than I (am).
He likes you better than (he likes) me.

한편 미국에서도 1783년에 노아 웹스터(Noah Webster)가 영문법 책을 출간합

니다. 그는 3종류의 문법책을 차례로 출간했는데, 첫째 책인 'American Speller'
가 미국에서 공전의 베스트셀러가 되었습니다. 그의 생애 중에 8천만 부 이상이
나 팔렸다고 합니다. 거의 모든 초등학교에서 이 책을 국어 교과서로 사용했습니
다. 이 책이 대히트한 덕분에 웹스터는 이 책 판매로 들어오는 인세로 평생 먹고
사는 문제를 해결했다는군요.

12 이중부정은 긍정이 되니까 잘못된 부정문?

영문법과 관련하여 문제를 하나 드리겠습니다. 다음 말은 무슨 뜻일까요?

He doesn't have no money.

그는 돈이 있는 건가요, 없는 건가요?

바로 들어오는 느낌은 '그 사람 돈 없어.'입니다. 그런데 로버트 라우스(Robert
Lowth, 1710~1787)의 주장에 따르면, 이 문장은 '그 사람 돈 있어.'입니다. 왜냐구
요? 한 문장 안에 부정 표현이 두 번 나오니까 '부정+부정=긍정'이 되어, 그 사람
돈이 없는 게 아니라 돈이 있다는 겁니다.

여러분도 그렇게 느껴지시나요? 좀 갸우뚱해지시죠? 어쨌든 이 사람의 주장
은 한 문장에 부정 표현을 두 개 쓰는 것은 잘못된 어법이라는 겁니다. 부정을
두 번 했으니까 도리어 긍정이 된다는 거죠. 그러므로 이 주장에 따르면 다음 둘
중에 하나로 말해야 합니다.

He doesn't have any money.

He has no money.

매우 논리적이죠? 라우스의 이러한 주장은 지금도 위력을 발휘하고 있습니
다. 그래서 우리도 이중부정은 긍정이 되니까 이중부정문은 틀린 표현이라고 굳
게 믿고 있습니다.

이런 식으로 수많은 표현의 옳고 그름이 가려지게 되었습니다. 당시 학자들은 라틴어 문법을 참조하여 영문법을 체계화하려고 했습니다. 이런 식으로 영어 규범을 정하려 했던 시도를 비판적으로 보는 사람들이 있기는 하지만 그들의 열정적인 노력의 결과, 현재 우리가 배우는 영문법의 틀이 잡히게 되었습니다.

13 대영제국이 영어를 전 세계에 퍼뜨리다

18세기는 영국이 세계를 주름잡는 대제국으로 발돋움한 시기이기도 합니다. 북미대륙을 비롯해서, 인도, 호주, 뉴질랜드에 영국 깃발을 꽂고, 아프리카에서는 네덜란드를 물리치고 남아프리카 지역과 중부 아프리카 지역에 영국의 지배력을 확대해 갑니다. 그리고 이집트도 영국의 영향권 아래 들어가게 되죠. 바야흐로 영어는 세계 거의 모든 지역에서 사용되는 국제어가 되기 시작합니다.

영어가 세계 도처에서 사용되는 덕분에 영어 어휘도 덩달아 풍성해집니다. 아메리카, 인도, 카리브해 지역, 뉴질랜드, 호주, 아프리카 대륙으로부터 다채로운 어휘와 표현들이 영어에 유입되었고, 영어는 이를 별 반감 없이 여유롭게 받아들였습니다. 지금은 그 오만 곳에서 들어온 수많은 단어들이 너무나도 영어다워졌습니다.

14 영어의 모든 것을 담다 - 옥스퍼드 영어 사전

영어를 다듬고자 하는 학자들의 열망이 새로운 영어 사전 편찬으로 결실을 보게 되는데, 그게 바로 영어 사전의 최고봉이라고 하는 '옥스퍼드 영어 사전(The Oxford English Dictionary)'입니다. 옥스퍼드 영어 사전은 첫 글자를 따서 'OED'라고도 합니다. 처음에는 사무엘 존슨의 영어 사전을 개정하려고 시작했는데, 곧 생각을 바꾸어 완전히 새로운 사전을 편찬하기로 결정합니다. 존슨의 사전이 출간된 이후 영어에 많은 변화가 있었고, 새로운 어휘도 너무 많이 생겨났기 때문에 보완·개정 정도로는 그 변화를 담을 수 없다는 것이죠.

이 영어 사전에는 12세기 이래로 영어에서 사용된 모든 단어가 수록되었습니다. 각 단어의 역사, 과거의 형태와 현재 형태, 철자, 용법, 의미 등이 총망라되었습니다. 그리고 해설들을 뒷받침하는 인용구들도 제시되었습니다.

1859년에 이 새로운 사전을 편찬하는 데 도움을 줄 자원자들을 구하는 광고를 신문에 냈는데 세계 각지로부터 수백 명이 지원했다고 합니다. 편집자도 여러 명이 번갈아 가며 작업을 이끌었습니다. 드디어 1884년에 제1권이 발행되었습니다. 나머지는 한 권씩 발행되어 최종적으로 1928년에 마지막 11번째 권이 발행되었습니다. 총 11권, 수록어휘 약 40만 개, 용례 약 180만 개, 인용 저작자 수 약 5,000명에 달하는 세계 최대의 사전이 탄생한 것입니다.

1933년 보급판을 출판할 때, 처음 이름인 "A New English Dictionary"를 "The Oxford English Dictionary"로 변경했습니다. 그 이유는 거의 모든 작업이 옥스퍼드 대학 출판부의 지원하에 옥스퍼드 대학에서 이루어졌기 때문이죠. 이 'OED' 편찬 작업은 언어학자들로부터 깊은 애착과 존경을 받게 되었고, 그 결과물 'OED'는 모든 사전 중의 최고봉이며 영어 연구의 위대한 기념비라는 찬사를 듣게 되었습니다.

15 사전의 역할은 무엇인가?

사전 이야기를 하면서 꼭 짚어야 할 점은 사전의 역할에 관한 것입니다. 사전 편찬자들 사이에 끊임없이 지속되고 있는 논쟁이 있습니다. 그것은 사전이 어떤 역할을 해야 하는가에 관한 논쟁입니다. 언어의 역할과 기능을 규정해야 하는가,

아니면 언어가 쓰이는 현실 상황을 그대로 소개만 해야 하는가 하는 것입니다.

'영어 아카데미'가 존재하지 않는 현실을 감안한다면 영어 사전이 영어 지킴이 역할을 해야 한다고 생각하는 사람이 많을 수 있습니다. 그런데 1961년에 출판된 '웹스터 3차 국제 영어 사전'은 종래의 입장을 바꾸어, 사람들이 사용하는 그대로의 영어를 소개하는 쪽으로 선택했습니다. 미국을 대표하는 웹스터 사전이 이러한 사전 편찬 원칙을 천명하자 학계에 커다란 파문이 일었습니다.

웹스터 사전의 새로운 편찬 원칙에 가장 부정적인 견해를 가졌던 기관이 다름 아닌 뉴욕타임즈 신문사였습니다. 뉴욕타임즈는 1961년판 웹스터 사전이 마음에 들지 않아서, 1934년에 발행한 '웹스터 2차 사전'을 사용할 것이라고 선언했다는군요. 좀 황당하죠? 바로 1년 전에 발행된 최신 사전을 무시하고 거의 30년 전에 출판된 1934년 판 사전을 기준으로 삼겠다고 했으니 말입니다. 언어의 규범을 제시하는 것이 사전의 역할과 책임이라고 생각하는 사람들이 많았던 것입니다.

뉴욕타임즈의 이런 발표를 보고 한 언어학자가 이렇게 말했답니다. "지도 제작자의 기능이 강을 옮기고 산의 위치를 조정하거나 또는 호수에 물을 채우는 것이 아닌 것처럼, 사전 편찬자의 기능도 사람들의 말하는 방법을 가르치는 것이 아니다."

CHAPTER 09

미국 영어에 관해서

그러면 영국에서 신대륙으로 이주한 사람들의 영어는 어떤 변화를 겪었을까요?

사실 한국은 영국 영어보다 미국 영어에 더 많은 영향을 받고 있습니다. 영어가 어떻게 변해 왔냐보다는 미국 영어가 어떤 특징이 있느냐가 더 궁금할 수 있을 겁니다. 미국 영어의 변화와 특징에 대해 살펴보겠습니다.

01 영국 사람들이 미국에서 맨 처음 세운 마을은?

영국 사람들이 자유를 찾아 배를 타고 미국으로 이주하여 처음으로 세운 마을이 미국 버지니아 주의 제임스타운입니다. 때는 1607년이었습니다. '버지니아(Virginia)'라는 주 이름은 평생을 처녀로 보낸 사랑받는 여왕 '엘리자베스 1세'를 기리기 위해 붙였고, '제임스타운(Jamestown)'은 당시의 영국 왕 '제임스 1세'에서 따온 이름입니다.

미국 이주 초기에는 영국의 일부인 것에 만족하며 별 말썽 없이 지냈습니다.

그러다 세금 문제가 화근이 되어 영국과 갈등의 골이 깊어집니다. 결국 1776년 혁명을 일으켜 독립을 선언하고 영국과 전쟁에 돌입합니다. 프랑스의 도움으로 전쟁에 승리하면서 1783년 영국과 조약을 체결하고 공식적으로 미국의 독립을 인정받게 됩니다.

02 미국 영어는 달라야 한다?

영국과 전쟁을 해서 독립을 이뤘으니, 미국의 분위기가 어떻겠습니까? 고리타분한 유럽의 전통에서 벗어나 끝이 보이지 않는 광활한 땅을 소유한 활기 넘치는 신생국 미국. 그러니 '이참에 나라말도 독립해야 하는 거 아냐?' 뭐 이런 생각을 하는 사람들이 생기지 않겠습니까? 실제로 이런 진취적인 생각을 가진 인사들이 꽤 많았습니다. 그들 중 막강한 영향력을 발휘한 사람으로 존 애덤스(1735~1826)와 노아 웹스터(1758~1843)가 있었습니다. 존 애덤스는 나중에 미국 대통령이 되었고, 노아 웹스터는 미국을 대표하는 사전을 편찬했습니다.

존 애덤스는 미국의회에 보낸 서한에서, 과거에는 라틴어가, 그리고 당시는 프랑스어가 누리고 있는 국제어로서의 위상을 앞으로는 영어가 누리게 될 것이라고 주장했습니다. 그는 이에 대비하기 위해 미국 영어를 가다듬는 'American Academy'를 설립하자고 요구했습니다. 18세기 초 영국에서 조나단 스위프트가 '영어 아카데미'를 설립하자고 외친 것과 같은 주장이죠.

미국에서도 영어 아카데미는 설립되지 않습니다. 돌이켜 보면 미국 독립 당시 미국 영어에 대해서 가졌던 매우 당찬 희망과 예상은 실현되지 않았습니다. 미국 영어가 제3의 언어로 독립하지 못했으니까요. 영국 영어와 다른 특색이 있기는 하지만 그래도 영어일 뿐입니다.

하지만 미국 영어를 영국 영어와 좀 다르게 만드는 데 제일 큰 공헌을 한 사람이 바로 노아 웹스터였습니다. 그는 미국 영어가 독자적으로 발전해서 아예 새로운 언어가 되어야 한다고 주장할 정도로 진보적인 사람이었습니다. 웹스터는 자신의 글에서 '영국 영어가 더 이상 우리의 표준이 되면 안 된다. 영국 작가들의 취향은 오염되었다. 그리고 영국 영어는 이미 쇠퇴기에 들어섰다.'는 등 상당히 과격한 주장을 펼쳤습니다. 그의 주장의 결정체가 바로 그가 편찬하여 1828년에 출간한 영어 사전입니다.

03 웹스터 사전에 관한 재미있는 뒷얘기

노아 웹스터가 만든 사전의 이름은 'American Dictionary of the English Language'입니다. 보시다시피 사전이름에 웹스터라는 말이 없습니다. 지금은 '웹스터 사전'이란 이름으로 출간되는데, 좀 이상하죠?

이 사전이 처음 출간되었을 때는 인기가 별로였습니다. 웹스터가 미국 영어의 독자성을 주창하며 매우 진보적인 성향을 보였기 때문입니다. 당시의 보수적인 학자들은 이 사전을 그다지 좋게 평가하지 않았습니다. 그래서 그랬을까요? 노아 웹스터는 공들여 만든 이 사전의 판권을 현찰 일시불로 받고 완전히 팔아넘깁니다. 매절을 한 거죠.

웹스터가 사망한 해인 1843년에 이 사전의 판권이 매사추세츠 주의 찰스와 조지 매리앰 형제에게 넘어갑니다. 이 두 사람은 사전의 판권을 사들인 후 사람들이 싫어하는 급진적인 내용들을 손질하고 순화시키는 작업을 했습니다. 그리고 1847년에 새롭게 출간합니다. 이때 사전의 이름도 바꿉니다. 새로 붙인 이름이 바로 '매리앰-웹스터 영어 사전'이었습니다. 왜 웹스터 앞에 매리앰이란 이름이 더 붙게 되었는지 이해가 되시죠?

그런데 이 사전이 대박을 터트린 겁니다. 출판되자마자 엄청난 인기를 얻게 된 것이죠. 몇 년 되지 않아 미국의 거의 모든 가정에 이 사전이 한 권씩 있게 되었습니다. 매리앰 출판사는 이 사전을 여러 차례 보완하고 개정합니다. 그러다

1961년, '웹스터 제3차 신 국제 사전'을 출간합니다. 바로 이 '웹스터 3차 국제 영어 사전'이 미국 최고의 영어 사전으로 평가받고 있습니다.

노아 웹스터는 자기가 만든 사전이 후세에 이런 놀라운 성공을 거두게 되리라고는 생각하지 못한 것 같습니다. 사전 출간 초기, 학자들의 부정적인 평가와 이에 따른 매출 부진으로 판권을 싼값에 팔아 버리는 바람에 후대에 큰돈을 벌 수 있는 기회를 날려 버린 셈이 되었습니다.

04 웹스터의 사전이 남긴 영향은?

이 사전의 첫 이름 'American Dictionary of the English Language'에서 알 수 있듯이, 웹스터는 미국적인 영어를 정리하고 확립하려는 목적으로 사전을 만들었습니다. 따라서 단어의 미국식 의미, 미국식 용법, 미국식 발음, 미국식 철자 등을 추가하고 미국 작가들이 쓴 예문들을 수록했습니다. 이러한 그의 노력은 찬사와 인정을 받을 만한 것입니다.

사실 미국은 새로운 땅에 세워진 새로운 나라죠. 그러니 영국에서 쓰던 단어만으로 미국의 새로운 환경, 자연, 삶과 문화 등을 표현하기에는 어휘가 부족할 수밖에 없었습니다. 따라서 새로운 단어가 만들어지기도 하고, 단어의 의미가 바뀌기도 하고, 영국에서는 더 이상 안 쓰는 단어들이 미국에서 되살아나 새로운 뜻으로 쓰이기도 했습니다. 이런 걸 어느 누군가는 분류하고 정리해야 했습니다. 미국의 언어 현실을 반영하는 미국의 영어 사전이 필요했던 것이죠. 그 일을 노아 웹스터가 한 것입니다.

웹스터의 영향이 지금까지 확실하게 남아 있는 부분이 바로 단어 철자입니다. 웹스터는 영국 영어의 불필요하게 생각되는 철자들을 없애 간소화하기도 하고, 발음에 맞게 철자 순서를 바꾸어 놓기도 했습니다. 이것이 미국 영어의 가장 두드러진 특징이 되었습니다.

예를 들면,

honor(honour), color(colour)

wagon(waggon), traveler(traveller)

center(centre), theater(theatre)

defense(defence), offense(offence)

ax(axe), plow(plough), tire(tyre)

check(cheque), mask(masque)

미국 영어 철자가 실용적이고 간단하죠?

웹스터가 자신의 사전에 이러한 철자의 단어들을 포함시켰기 때문에 지금까지 사용되고 있습니다. 미국의 영향력이 점점 커지면서 미국식 철자가 도리어 영국 영어에 역수입되고 있습니다. 영국에서도 이러한 철자의 단어들이 심심치 않게 사용되고 있습니다.

05 미국 영어 발음은 영국 영어와 어떻게 다를까?

미국 영어의 발음과 영국 영어의 발음상의 차이는 크게 세 가지를 들 수 있습니다.

1) 단모음 a

fast, path, glass, dance, can't

미국 [æ], 영국 [ɑː]

2) 단모음 o

hot, top, lot, pot, not

미국 [ɑ], 영국 [ɔ]

3) 모음 다음에 오는 r

bird, hurt, fern

미국 [əːr], 영국 [əː]

father, stir, professor

미국 [ər], 영국 [ə]

park, barn, car

미국 [ɑːr], 영국 [ɑː]

lord, fork, born

미국 [ɔːr], 영국 [ɔː]

위의 특징이 미국 전역에서 나타나는 건 아닙니다. 일부 지역은 다를 수 있죠. 또 위의 세 가지 차이 말고 다른 차이들이 있기도 합니다. 하지만 가장 광범위하고 일반적인 발음상의 현상으로 위의 세 가지 차이점이 주로 언급됩니다. 미국 영어는 음소를 분류할 때 모음 바로 뒤에서 소리 나는 r 소리를 앞의 모음과 합쳐 별개의 음소로 분류합니다. 이를 'r-controlled vowel'이라고 합니다.

한국은 미국 영어의 영향이 강하기 때문에 위의 단어들을 영국식으로 발음하거나 듣는 것이 좀 이상하게 느껴질 정도입니다. 모음 뒤에 오는 r의 독특한 혀굴리는 소리야말로 영어 발음의 특징으로 우리에게 강하게 각인되어 있습니다. 하지만 지금은 국제 교류가 매우 다변화되고 인터넷이 보급되어서 영국식 발음을 꽤 많이 접할 수 있습니다. 그리고 영국식 억양이 더 품격 있게 느껴지기도 합니다.

06 미국 영어가 더 고전적이라구요?

매우 흥미로운 점은 현재 미국 발음이 실은 영국에서는 17~18세기에 발음되었던 구식 발음이라는 점입니다. 영국은 언어의 자연스러운 변화 과정을 겪으면서 지속적으로 모음 소리가 변하여 지금의 소리가 되었지만, 미국은 17~18세기의 영국 사람들이 건너온 이후 발음이 거의 바뀌지 않은 것입니다.

사람들이 자기 고향을 떠나 새로운 곳으로 이주하면 말이 거의 변하지 않거나 변해도 아주 천천히 변한다고 합니다. 이는 나무를 옮겨 심었을 때 나타나는 현상과 비슷합니다. 나무가 제 살던 곳에서 다른 곳으로 이식되면 새 환경과 토양에 적응하기 위한 시간이 필요하죠. 그러다 보니 나무의 성장이 정상보다 느려집니다. 언어에서 나타나는 이런 현상을 이주민 언어의 보수적인 경향이라고 말합니다.

캐나다 퀘벡 지역의 프랑스어가 옛날 프랑스어 특징들을 지금도 가지고 있다고 하고, 아이슬란드 사람들의 말에는 옛날 스웨덴어나 덴마크어의 특징들이 아직도 많이 남아 있다고 합니다. 이주민 언어의 보수적인 경향을 잘 보여 주는 사례들입니다.

07 미국 영어에 남아 있는 영어의 예스러운 특징들

미국에서 지금까지 사용되는 옛날식 표현들을 몇 가지 언급하자면, 가을을 미국에서는 'fall'이라고 하는데 이 단어가 실은 옛날 단어라는군요. 영국에서는 'fall'이 말 그대로 낙엽처럼 '떨어져' 버리고, 지금은 'autumn'이라고 합니다. 미국 사람들이 즐겨 쓰는 'I guess'도 영국 작가 제프리 초서가 활동하던 시대에 쓰던 구식 표현이랍니다. 허 참, 정말 흥미롭군요.

발음에서도 'either, neither'를 미국에서는 [iːðər], [niːðər]로 발음하는데, 영국에서는 [aiðə], [naiðə]라고 발음합니다. 영국에서 모음 발음이 변하기 전에 사람들이 미국으로 건너왔기 때문에 미국에서는 변하지 않은 채 지금까지 그대로 옛날식으로 발음되고 있는 반면, 영국에서는 모음 대이동이 계속 진행되어 [iː]가 이중모음인 [ai]로 바뀌게 되어 이런 차이가 생기게 되었습니다.

08 미국 영어의 특징 또 하나 - 지역 편차가 별로 없다

드넓은 미국은 지역마다 영어가 달라도 한참 다를 것만 같은데 놀랍게도 미국영어의 지역 편차는 그리 심하지 않습니다. 이건 미국의 역사적 배경과 관련이 깊습니다. 미국은 미지의 땅을 개척하면서 영토를 넓히고 발전한 나라죠. 과장이기는 하지만, 개척 시대의 미국인들은 늙어서까지 태어난 곳에서 계속 사는 경우가 매우 드물었다고 합니다. 사람들이 인생 대박의 기회를 찾아 끊임없이 여기저기 돌아다닌 거죠.

뭐 좀 잘된다, 어디에서 금광이 발견됐다는 소문이 돌면 사람들이 그야말로 구름처럼 모여들었습니다. 노다지 소문에 벌떼처럼 몰려와서 정신없이 땅 파고, 물건 팔고, 사기 치고, 서로 싸우다 재미없으면 또 옮기고 하는 과정이 반복되었죠. 그러다 보니 사람들이 한 곳에 눅진하게 뿌리내리지 못하고 이리저리 옮겨다니며 살게 되었습니다.

사람들이 자리 잡고 오순도순 살던 지역도 금세 외부에서 사람들이 몰려들어 동네가 완전 엉망이 되는 경우도 허다했습니다. 사람들이 살아가는 방식이 이렇다 보니 언어의 지역적 특성이 뿌리내리기가 매우 어려웠죠. 그래서 미국 영어는 어딜 가나 별 차이를 못 느낄 정도로 통일성을 갖게 되었습니다.

하지만 미국도 지역마다 독특한 발음상의 차이가 있습니다. 특히 남부와 북부의 억양 차이는 꽤 심하다고 합니다. 그러나 미국의 땅덩어리 크기와 비교해 볼 때 그 차이가 비교적 작다는 거죠.

한편 영국은 미국에 비하면 크기가 한참이나 작지만, 방언도 많고 억양 차이도 심해서 서로 알아듣기 어려운 경우도 많습니다. 사람들이 여러 대를 이어 한 지역에 눌러살면서 지역 특성들이 강화되고, 방언들도 제각기 독자적으로 변해 왔기 때문입니다. 영국은 미국에 비해 매우 작지만 지역 간에 문화와 언어적 차이는 매우 큽니다.

CHAPTER 10

또 다른 영어 사용 나라들(호주, 뉴질랜드, 캐나다)

왕년에 영국 식민지였고, 영어가 모국어인 나라들로 호주, 뉴질랜드, 캐나다가 있습니다. 호주, 뉴질랜드, 캐나다 영어는 나름의 특징을 가지고 있습니다. 억양도 조금씩 다릅니다. 하지만 영어를 외국어로 배우고 사용하는 사람들의 귀에는 이런 차이들이 확연하게 와 닿지는 않습니다. 이런 나라들의 독특한 억양을 구별하기가 쉬운 일은 아니지요. 각 나라별로 영어의 특색을 간단히 알아보겠습니다.

01 호주, 뉴질랜드의 역사

호주는 1768년 영국의 탐험가 제임스 쿡(James Cook) 선장에 의해 영국 영토로 편입됩니다. 뉴질랜드도 쿡 선장에 의해 영국 땅이 되었습니다. 먼저 호주 대륙에 영국 이민자들이 들어왔습니다. 당시 영국은 산업혁명의 후유증으로 교도소마다 온갖 종류의 죄수들로 넘쳐나 골머리를 앓고 있었습니다. 이들을 유배 겸 이주시킬 만한 곳으로 드넓은 호주 땅이 최적이었죠.

1788년 1월 26일, 아더 필립 선장이 이끄는 영국 선단 11척이 지금의 시드니 만에 닻을 내리면서 호주의 이민 역사가 시작되었습니다. 그런데 이 배들에 죄수들만 타고 있었던 건 아닙니다. 죄수 수의 거의 두 배에 달하는 일반 이주자들도 함께 왔습니다. 호주는 이 날인 1월 26일을 개국기념일로 정해 기념하고 있습니다.

뉴질랜드의 이민 역사는 호주보다 좀 짧습니다. 초기에는 고래잡이 어부들을 중심으로 유럽인들이 들어왔습니다. 뉴질랜드에 고래잡이 기지가 있었거든요. 그러다 영국을 비롯한 유럽계 이주민들이 아예 뉴질랜드에 눌러앉기 시작했습니다. 하지만 그 과정이 순탄할 리 없죠. 1800년대 초반 이곳은 거의 무법천지에 가까웠다고 합니다. 유럽 사람들은 마오리 원주민들을 속이고, 약탈하고, 죽이곤 했습니다.

1837년에 영국에서 봉이 김선달 같은 사람이 뉴질랜드 협회를 세우고 뉴질랜드 이민 영업을 본격적으로 시작합니다. 이 사람은 뉴질랜드 땅을 제 맘대로 쪼개 팔면서 뉴질랜드 이민단을 모집했습니다. 김선달이 대동강 물장사 한 것하고 비슷한 수준이죠. 어쨌거나 이때 참가한 사람들이 제1차 뉴질랜드 집단 이주민이 되었습니다. 이렇게 사람들이 몰려오다 보니 유럽 이주민들과 마오리 원주민들 사이에 다툼과 갈등도 점점 더 심해졌습니다.

영국 정부는 이 갈등을 무력으로 해결하지 않고 마오리 부족들과 조약을 체결하여 해결했습니다. 1840년 2월 6일 마오리 부족 추장들은 자신들을 영국이 보호해 주는 대가로 뉴질랜드 주권을 영국에 양도하는 '와이탕이 조약(The Treaty of Waitangi)'을 영국과 체결합니다. 이 조약을 통해 마오리 부족장들은 영국 여왕에게 통치권을 이양합니다. 그 대신 자신들의 토지와 자원의 소유권을 보장받습니다. 그리고 모든 마오리 부족 사람들은 합법적으로 영국 시민이 되었습니다. 이 조약으로 뉴질랜드의 두 섬은 영국의 직할 식민지가 되었고, 영국인은 물론, 다른 유럽인들도 활발히 뉴질랜드로 이주했습니다. 뉴질랜드 정부는 와이탕이 조약이 체결된 날인 2월 6일을 건국기념일로 지정하여 기념하고 있습니다.

02 호주, 뉴질랜드 영어는 친인척 관계

호주는 죄수들과 자유 이주민들이 뒤섞여 정착하면서 이민의 역사가 다이내믹했습니다. 이에 더해 1850년대에 시드니 서남쪽에서 금광이 발견되면서 골드러시 시대를 맞이하게 됩니다. 금을 캐려고 전 세계 사람들이 한꺼번에 우르르 호주로 몰려들었죠. 그러다 보니 호주 역시 미국처럼 언어적으로 멜팅 팟(melting pot)이 되었습니다. 이런 역동적인 이민 역사가 호주 영어에 그대로 투영되어 호주 영어는 전통에 얽매이지 않는 자유분방한 성격을 띠게 됩니다.

호주 영어는 억양이 영국 영어에 가깝고, 지역이나 사회계층별로 억양의 차이가 거의 없습니다. 단어를 줄여 사용하는 것도 호주 영어의 특징 중 하나입니다. 단어가 좀 길다 싶으면 어김없이 줄임말이 생깁니다. football은 'footy', television은 'telly', barbecue는 'barbie'로 줄여 말합니다. kilometer도 아주 간단히 'k'로 끝내 버리죠. 호주 영어의 자유스러움이 드러나는 한 단면입니다.

뉴질랜드 영어는 호주 영어와 큰 차이가 없습니다. 호주와 뉴질랜드로 이주한 영국 사람들이 거의 동시대 사람들이었기 때문에 두 지역의 억양에 큰 차이가 없는 것이지요. 뉴질랜드 영어는 크게 볼 때 호주 영어의 범주 안에 있다고 할 수 있습니다. 하지만 뉴질랜드는 역사적으로나 정서적으로 좀 더 영국 지향적이어서 억양이 호주 영어보다 좀 더 영국 영어에 가깝고 보수적이라고 합니다.

03 호주 영어는 우물우물 영어?

호주 영어와 관련해서 한 가지 흥미로운 점은, 농촌이나 목장에서 일하는 노무자들은 말할 때 입을 조금만 벌리고 우물우물 말하는 경향이 있다는 것입니다. 물론, 모든 노무자들이 다 이런 식으로 말하는 건 아닐 겁니다. 그런데 이 우물우물 영어가 실은 파리 때문이라는군요.

도시화가 진행되기 전 호주에는 파리 떼가 엄청 들끓었다고 합니다. 지금도 도시를 벗어나면 파리 떼가 많습니다. 하지만 호주 사람들은 파리 떼를 없애는 데는 별 관심이 없습니다. 파리 떼도 생태계 순환과정 중에 하나이므로, 인위적으로 없애 버리면 자연에 좋지 않은 영향을 준다고 생각하는 거죠. 그러니 파리들과 공생하는 수밖에요. 수많은 파리 떼와 함께 살다 보면 가끔 파리가 나도 모르게 입안으로 날아 들어오는 해프닝이 생기기도 하겠죠? 그러다 보니 자연스레 입을 조금만 벌리고 말하는 습관이 생겼나 봅니다.

그런데 더욱 흥미로운 건, 뉴질랜드 사람들도 꽤나 '우물우물 영어'를 한다고 합니다. 아니, 그럼 거기도 파리 떼가 많았나요? 글쎄, 모르죠.

뉴질랜드의 우물우물 영어에 관한 흥미로운 일화를 하나 소개하겠습니다. 뉴질랜드 출신의 여류 소설가 '캐서린 맨스필드(Katherine Mansfield)'라는 사람이 있습니다. 그녀의 작품 중 우리에게 제일 잘 알려진 것은 아마도 단편소설 '원유회(Garden Party)'일 겁니다. 사춘기 때 한 번쯤은 읽어 봤음 직한 단편소설이지요. 이 소설가의 고향이 바로 뉴질랜드입니다. 맨스필드는 1888년에 뉴질랜드의 웰링턴 시에서 태어나 거기서 고등학교를 마치고 런던의 대학으로 유학을 옵니다. 대학을 졸업하고 1906년에 뉴질랜드로 돌아갔다 이듬해에 다시 영국으로 와서 시, 평론, 단편소설 등을 발표하면서 주목받는 작가가 되지요. 그러다 안타깝게도 1923년에 폐결핵으로 일찍 죽습니다.

1912년에 맨스필드를 만나 대화를 나눈 한 사람이 그녀와의 만남에 관한 기록을 자신이 출간한 책에 남겼는데, 그 내용 중에 맨스필드의 말투에 대한 내용이 있습니다. 맨스필드는 말할 때 입을 아주 조금 벌리고 조심스럽게 중얼거리듯 말을 했다고 하네요. 맨스필드의 이 독특한 말투가 뉴질랜드 억양이었던 거죠. 그러니 우물우물 영어가 호주의 특징만은 아닌 것 같습니다.

캐나다 땅에는 오래전부터 인디언 부족들이 살고 있었습니다. 실제 캐나다라는 나라 이름도 그 지역에 살던 한 인디언 부족의 말에 있는 카나타(Kanata: '부락'이라는 뜻)에서 연유했습니다. 유럽 사람들도 오래전부터 캐나다 땅에 발을 들여놓기는 했지만 워낙 기후가 춥다 보니 지속적으로 생존하지 못하고 소멸하곤 했습니다. 그러다 1600년대 초에 프랑스 사람들이 본격적으로 진출해서 퀘벡, 몽레알(지금의 몬트리올) 등의 식민지를 세웠습니다.

영국도 좀 늦었지만 비슷한 시기에 캐나다 식민지를 개척합니다. 영국과 프랑스는 오랜 앙숙인데, 캐나다에서 또 부딪힙니다. 두 나라는 각종 이권을 놓고 갈등하다 결국 본격적인 전쟁에 돌입합니다. 결국 1763년에 영국이 프랑스의 식민지 몽레알을 함락시키면서 최종 승리를 확정 짓습니다. 그리고는 프랑스와 조약을 맺어 프랑스의 캐나다 식민지를 모두 영국 식민지로 만들어 버립니다. 몽레알도 영어식 발음인 몬트리올로 바꿔 버리죠.

그러다 캐나다 아래쪽 13개 주가 합심해서 영국에 반기를 들고 전쟁까지 치르면서 미합중국으로 독립하게 됩니다. 이때 영국은 미국의 독립을 인정하기에 앞서 캐나다 관할권을 영국이 갖는 것에 미국이 동의할 것을 요구하죠. 미국은 이를 받아들입니다. 이로써 캐나다는 영국 식민지로 계속 남게 됩니다.

미국이 독립하자, 미국에서 계속 살아가기 어렵게 된 사람들이 생겨났습니다. 바로 영국 지지파(영국 왕을 지지한다고 해서 '왕당파'라고도 함)들이었습니다. 이 사람들은 미국이 영국 식민지로 남아 있기를 원했던 사람들인데, 미국이 독립하니까 졸지에 반역자로 몰리게 되었습니다. 이들은 요샛말로 테러의 공포 속에 살았습니다. 실제로 폭도들에게 테러를 당하기도 했습니다.

영국충성파들 대부분은 결국 미국에서 도망 나와 캐나다로 갔습니다. 이들은 캐나다 온타리오를 비롯한 동부 해안 지역에 정착하게 되었고, 시간이 가면서 캐나다 식민지 사회의 주류로 부상합니다.

1861년, 미국에서 남북전쟁이 발발합니다. 이때 캐나다는 은근히 남부를 지원했지요. 하지만 전쟁은 북부의 승리로 끝납니다. 이로 인해 캐나다는 승리한 북부 미군이 캐나다를 침공할지도 모른다는 두려움에 사로잡힙니다. 사실 미국은 1812년 영국에 선전포고를 하고 캐나다를 침공한 전력이 있었거든요.

내전을 끝내고 점점 더 강력해지는 미국을 보면서, 캐나다 자치주들도 미국처럼 연방 국가를 세워야겠다고 마음먹습니다. 미국의 남북전쟁이 끝난 지 2년 후인 1867년 7월 1일, 캐나다의 4개 자치주가 연합하여 캐나다 연방 국가를 선언합니다. 캐나다 연방이 탄생한 것이죠. 그래서 캐나다의 건국기념일은 7월 1일입니다. 캐나다는 영국에 소속된 영연방 국가였습니다.

05 캐나다 영어 - 이제는 미국식으로?

캐나다 역사에서 알 수 있듯이 캐나다는 초기부터 영국에 충성스러웠습니다. 미국의 영국 지지자들이 캐나다로 이주하면서 이 경향은 더 강화되었죠. 그리고 미국이 강해질수록 캐나다 자치주들은 스스로 단결하면서 자신의 주권을 지키고자 노력했습니다. 캐나다의 이러한 경향은 언어에도 그대로 드러납니다. 캐나다 영어에는 영국의 어법과 억양이 아직도 많이 남아 있습니다. 미국 영어에 휘둘리지 않고, 마음의 고향 영국 영어의 특성을 간직하고 있는 것이죠.

하지만 요즘은 문화, 경제, 사회, 군사적으로 아랫동네 미국이 워낙 드세다 보니 캐나다 영어도 점점 미국화되어 가고 있다고 합니다.

캐나다의 퀘벡 주는 '작은 프랑스'라고 불릴 정도로 프랑스 문화와 언어가 주류를 이루는 곳입니다. 영국이 힘으로 퀘벡 주를 빼앗기는 했지만 프랑스인들은 계속 그 지역에 살면서 프랑스 문화와 언어를 계승해 온 것이죠. 영국 정부는 불어를 없애려고 영어 사용을 강제하기도 했지만, 프랑스계 사람들이 들고 일어나는 바람에 포기하고 말았습니다. 결국 두 언어 정책을 시행하여 현재에 이르게 됩니다. 퀘벡 주는 캐나다에서 독립하려고 무장봉기를 감행하기도 하고, 주민투표도 2차례 실시했지만 모두 부결되어 캐나다 연방에 남아 있습니다.

퀘벡 주에는 유명한 도시가 두 개 있는데, 하나는 퀘벡 시이고, 또 하나는 몬트리올 시입니다. 퀘벡 시는 프랑스 문화가 고스란히 남아 있는 매우 고풍스러운 도시입니다. 프랑스계 사람들이 대부분이라 언어도 당연 불어가 먼저고, 다음이 영어입니다. 퀘벡 시 서남쪽에 몬트리올(몽레알)이 있습니다. 이곳도 프랑스 문화의 뿌리가 깊지만, 올림픽 개최 도시답게 국제적이고 화려한 면모를 갖추고 있습니다. 이 도시를 '북미의 파리'라고도 일컫습니다.

몬트리올은 한때 캐나다 최대의 도시였습니다. 하지만 퀘벡 주 분리운동이 일어나면서 불안을 느낀 많은 외국 회사들과 공장들이 이곳을 떠나 토론토로 이전했습니다. 그 바람에 토론토가 캐나다 최대 도시로 부상하게 되었고, 몬트리올은 2등으로 밀렸다는군요. 퀘벡 주 분리운동도 결실을 못 보고, 몬트리올만 죽 쓰게 된 격입니다. 이 도시는 영어 문화와 불어 문화가 서로 만나는 교차점이라고 할 수 있는데, 아무래도 영어가 영역을 점점 넓혀 가는 양상이라고 합니다.

CHAPTER 11

영어가 위력을 발휘하는 세계의 여러 나라들

01 영국의 이웃 아일랜드에 영어가 자리 잡다

아일랜드 사람들에 대한 재미있는 일화들이 참 많은데 그중에 하나를 소개합니다.

아일랜드의 한 기차역에 시계가 두 개 걸려 있었는데, 두 시계가 가리키는 시각이 서로 약 6분 정도 차이가 있었답니다. 그래서 한 여행객이 역에서 일하는 아일랜드인 짐꾼에게 "두 시계가 서로 시각이 다르면 시계 두 개 있는 게 무슨 소용이냐?"며 불평을 했답니다. 그랬더니 그 짐꾼이 이렇게 대답했다는군요. "아니, 두 시계가 같은 시각을 가리키면 시계 두 개 있는 게 뭔 소용이 있나요?"

아일랜드 섬에는 오래전부터 켈트족이 살고 있었는데 영국의 수탈과 지배를 받으면서 많은 고초를 겪었습니다. 영국이 아일랜드를 본격적으로 구박하기 시작한 건 1066년 노르만 왕이 영국을 정복한 후부터입니다. 하지만 여러 어려움 속에도 아일랜드 사람들은 자기네 말을 그렁저렁 지켜 왔습니다. 그러다 1803년 아일랜드가 영국에 완전히 병합되면서부터 아일랜드어가 진짜 수난을 당하게 됩니다.

아일랜드를 병합해 버린 영국은 아일랜드 사람들을 영어로 교육시키기 시작했습니다. 영어가 제대로 교육받고 출세한 사람들의 언어로 자리 잡게 된 것이죠. 그러다 1840년대 말에 아일랜드에 끔찍한 재앙이 닥칩니다. 주식인 감자 농사를 망치면서 전국적으로 기근이 들게 된 겁니다. 이 기근으로 백만 명 이상이 굶어 죽었습니다. 그리고 아일랜드 사람의 대이동이 시작되었는데, 저주받은 아일랜드를 떠나 영국, 호주, 미국 등으로 정신없이 떠났습니다. 이렇게 아일랜드를 떠난 사람들의 숫자도 백만 명이 넘었다고 합니다.

이런 암담한 상황에서 아일랜드 사람들은 가난과 저주에서 벗어날 수 있는 유일한 길은 제도와 언어 등 모든 것을 영국식으로 바꾸는 거라고 생각합니다. 이로 인해 영어 교육의 광풍이 아일랜드 전역을 휩씁니다. 아예 초등학교에서부터 아이들에게 영어를 가르쳤습니다. 모국어인 아일랜드어가 급속히 쇠퇴하게 되었고, 아일랜드는 영어 문화권에 편입되다시피 합니다.

1921년, 아일랜드가 자치국이 되면서 아일랜드어 회복 운동이 일어납니다. 1949년, 나라 이름을 '아일랜드 공화국'으로 정하고 영연방에서 탈퇴하여 완전히 독립합니다. 독립국가가 된 아일랜드 정부는 정체성 확립의 일환으로 아일랜드어 부활 정책을 적극적으로 펼칩니다. 그 결과 아일랜드어가 되살아납니다. 지금은 학교에서 아일랜드어가 제2언어로 교육되고 있습니다.

하지만 아일랜드는 지난 200년간 급속한 영국화 과정을 거치면서 영어가 모국어와 같은 위치를 차지하고 있습니다.

02 남아프리카 공화국의 역사와 함께 출렁이는 영어

남아프리카 공화국에서 공식적으로 쓰이는 언어는 11개나 된다고 합니다. 그중 제일 많은 사람들이 쓰는 모국어는 줄루어이고, 그다음이 아프리칸스(Afrikaans)어입니다. 영어를 모국어로 하는 사람들은 전체 인구의 10% 정도이고,

순서로는 4번째입니다. 아프리칸스어는 이곳에 정착한 네덜란드 사람들의 언어를 가리키는 말입니다. 이 언어를 모국어로 쓰는 백인들을 아프리카너(Afrikaner)라고 합니다. 이들을 '보어(Boer)'라고도 하는데 '보어'는 네덜란드 말로 '농부'라는 뜻입니다. 아프리칸스어는 네덜란드어의 방언으로 분류되다가 현재는 완전히 독립된 언어로 분류됩니다. 실제로 지금은 네덜란드 사람들도 이 언어를 기의 못 알아듣는다고 합니다.

이 나라는 흑백 갈등의 골이 워낙 깊기 때문에 네덜란드계 백인들과 영국계 백인들 사이에 존재하는 백백 갈등은 표면적으로 드러나지 않습니다. 하지만 이 두 집단 간의 반목 또한 흑백 갈등만큼이나 오래되었습니다. 이 땅에 들어오기는 네덜란드 사람들이 먼저였지만, 나중에 온 영국 사람들은 이들을 살기 좋은 해안가에서 척박한 내륙으로 몰아냈습니다. 보어인들은 영국인들에게 밀려나긴 했어도 내륙에서 자치 국가를 세우고 나름 괜찮게 살아갔습니다.

그러다 지금의 요한네스버그 근처에서 다이아몬드광과 금광이 발견되면서 두 집단은 정면 충돌하게 됩니다. 시비를 건 쪽은 영국이었습니다. 다이아몬드광산과 금광이 너무도 탐났거든요. 이 엄청난 이권을 놓고 둘이 한판 붙는데, 그게 바로 보어 전쟁(1899~1901)입니다. 보어인들은 결국 영국에 항복하고 영국의 지배를 받습니다. 이때부터 이 지역에 영어 전성시대가 시작되었습니다.

1910년 5월 31일, 이 지역은 남아프리카연맹을 결성하여 영국 연방의 일원으로 독립합니다. 1948년 백인들만 하는 선거에서 보어(Boer)계 사람들로 구성된 정당이 정권을 잡습니다. 이들은 극단적인 인종차별법(Apartheid)을 시행합니다. 영국계 백인들도 정계에서 왕따를 당합니다. 영국이 인종차별정책을 계속 비난하자 1961년에 영연방에서도 탈퇴해 버립니다.

이후로 영국계 백인들과 영어는 남아공 정부로부터 억압 아닌 억압을 받게 됩니다. 아프리카너들은 할 수만 있다면 영어를 남아공에서 지워 버리고 싶었을 겁니다. 그들은 흑인 원주민들이 영어를 배우고 사용하는 것도 싫어했습니다. 그래서 영어 대신 아프리칸스어를 배우도록 강요했는데, 이 정책에 흑인 원주민들이 강력 저항합니다. 영어 대신 아프리칸스어를 강요당하는 것을 자신들에 대한 또 하나의 탄압으로 받아들인 것이죠. 영어가 이렇게 남아공에서 오랫동안 설움을 받았습니다.

그러다 세상이 바뀌면서 인종분리정책도 한계에 이릅니다. 결국 인종차별법이 폐지되고, 1994년에 다인종 자유총선이 실시됩니다. 그 결과 만델라를 대통령으로 하는 흑백 연합정부가 수립되고 300여 년간의 기나긴 인종차별정책이 종말을 고합니다.

이를 계기로 남아공에서 영어의 위상이 다시 공고해졌습니다. 현재 남아공의 주요 관공서 및 교육기관, 행정기관 등에서 공식적으로 쓰이는 언어는 영어입니다. 현재는 남아공 국민의 약 60%가 영어를 구사할 수 있으며, 아프리카너 백인들도 영어를 더 많이 사용한다고 합니다. 아프리칸스어를 하는 백인들의 수는 감소 추세를 보인다는군요.

03 영어가 새로운 언어로 변할까? - 자메이카 영어

카리브 해의 많은 섬나라들 중 영어를 모국어로 사용하는 나라가 자메이카입니다. 레게(reggae) 음악의 본산지로도 잘 알려져 있죠. 요즘은 세계 최고의 스프린터 우사인 볼트의 나라로 더 유명세를 타고 있습니다. 이 섬나라는 1655년에 영국 식민지가 되면서 영어가 깊이 뿌리내리게 되었습니다. 1962년에 독립했지만 영연방에 소속되어 있습니다.

자메이카의 공용어는 영어입니다. 그런데 자메이카 영어는 국제 표준 영어와 차이가 많습니다. 일종의 영어 방언인 셈이죠. 하지만 영어를 하는 외부 사람들이 알아듣기 불가능한 정도는 아닙니다. 자메이카에는 자메이카 영어를 독립된 언어로 만들어 가야 한다고 주장하는 사람들이 있습니다. 이들은 자메이카 영어 나름의 철자법과 문법을 체계화하고 있고, 이 영어를 그대로 사용한 문학작품도 발표하고 있습니다. 이들의 희망은 자메이카 영어가 새로운 언어로 독립하는 것입니다.

하지만 자메이카의 영어 독립 운동에 반대하는 사람들이 많습니다. 철자와 문법에 대한 생각이 제각각인데, 도대체 뭘 토대로 자메이카 영어를 표준화하냐는 겁니다. 그리고 자녀를 둔 부모들의 반대도 만만치 않습니다. 학부모들은 당연히 자녀들이 학교에서 표준 영어를 배우고 익히기를 바랍니다.

카리브 해에 있는 자메이카는 지정학적으로 미국의 영향을 받지 않을 수 없습니다. 과거 영국 식민지였고 현재도 영연방 소속이기 때문에 영국의 영향도 큽니다. 이런 강대국들과 소통하고 경제적인 이익을 도모하려면 자메이카 사투리 영어로는 좀 곤란하죠. 그러므로 자메이카의 고등교육은 당연히 표준 영어로 시행되고 있습니다. 자메이카 사람들에게 표준 영어는 부와 성공의 필수 도구인 셈입니다. 이러한 이유로 일부 학자들과 진보적인 사회운동가들이 자메이카 영어의 독립을 주창하지만 그다지 동력을 받지 못하고 있습니다.

자메이카와 비슷하게 중부 아프리카의 여러 나라들도 그 지역의 영어 방언들을 모국어로 사용하거나 또는 공용어로 사용합니다. 이 지역 영어 방언들도 표준 영어에서 점점 멀어지는 방향으로 흘러가는 것 같습니다. 하지만 원조 영어가 세계 공용어로서의 위상이 확고하기에 표준 영어에서 완전 분화되기란 쉽지 않은 듯합니다. 이 지역 사람들도 자기네 영어 방언은 집이나 동네에서 쓰는 정도이고, 학교에서는 정식 표준 영어로 교육받습니다. 국제 언어인 표준 영어가 이 지역 방언들이 영어에서 멀어지는 걸 막고 있는 셈이죠. 자메이카와 비슷한 상황입니다.

04 인도의 공용어는 여전히 영어

인도에서 영어의 위치는 인도가 독립한 지 한참 지난 지금도 변함이 없는 듯합니다. 그 이유는 아마도 인도에서 너무나 많은 언어들이 사용되기 때문일 겁니다. 인도는 각 주마다 언어가 다릅니다. 심지어 동네만 달라도 언어가 다른 경우가 있다고 합니다. 인도는 언어가 다른 여러 부족국가들로 나뉘어 있었는데, 이 지역 전체를 영국이 통치하면서 하나의 연합 형태를 띠게 되었습니다. 영국이 통치하니까 자연히 영어가 여러 부족 간의 공식적인 의사소통 수단이 되었습니다.

인도가 영국에서 독립한 후에도 영어를 공용어로 정하게 된 배경에는 인도 남부 사람들의 공이 컸습니다. 여타 나라들처럼 인도도 독립하면서 언어 주권을 회복하려고 했습니다. 그래서 독립하자마자 인도 북부 지역에서 널리 쓰이는 힌디어를 인도 공용어로 정합니다. 그리고는 1965년까지 힌디어를 인도 전역에서 사용하는 공식어로 만들려고 했습니다. 하지만 다언어, 다민족 국가 인도가 그렇게 쉽게 단일 언어 국가가 될 수 있을까요?

힌디어를 쓰는 인도 북부 사람들은 힌디어 공용어 정책에 대찬성이지만, 인도 남부 사람들은 반대했습니다. 남부 지역 사람들은 자기네 부족 언어를 모국어로 사용하고, 공용어로는 영어를 쓰자고 주장했습니다. 힌디어를 인도 전역의 공식어로 정하는 1965년이 가까워 올수록 남부 지역의 반감은 커져만 갔습니다. 급기야 1963년 인도 남부 타밀라두 주에서 힌디어 공용화에 반대하는 시위가 일어났습니다. 인도 의회는 하는 수 없이 힌디어 공용화 정책을 포기합니다. 대신 영어를 사실상의 인도 공용어로 인정하는 소위 '세 언어 정책'(힌디어, 영어, 그리고 그 지방 토속어를 인정하는 정책)을 시행하게 됩니다.

다언어 국가인 인도에서 힌디어를 모국어로 정하려는 정책은 북부 인도인들의 문화우월주의적인 횡포였습니다. 이 횡포에 남부 인도인들이 강력 반발하자, 힌디어의 대체 수단으로 영어를 그대로 사용하게 된 것입니다. 인도가 독립은 했지만 영어를 공용어로 받아들인 덕분에 인도는 지구촌에서 남다른 경쟁력을 가지게 된 것 같습니다. 인도에서는 영어로 출간되는 서적이, 힌디어로 출간되는 서적보다 많다고 합니다.

05 영어를 적극 장려하는 나라 싱가포르

영어가 국력의 근간을 이루는 나라 중의 하나가 바로 싱가포르입니다. 19세기 초까지 싱가포르는 네덜란드의 영향 아래 있다가 1826년에 영국의 동인도회사가 관할하는 식민지로 편입되면서 영국의 관리를 받게 됩니다. 1867년, 싱가포르 관할권이 영국 식민지청으로 이전되면서 싱가포르는 본격적인 영국 식민지 시대를 맞게 됩니다. 2차 대전 중인 1942년부터 1945년까지 잠시 일본에 점령당하지만, 1946년에 영국 직할 식민지로 되돌아옵니다. 1963년 9월 싱가포르는 말레이시아 연방의 일원으로 영국에서 독립한 후, 1965년 8월 9일에 완전히 독립합니다.

독립한 싱가포르 정부는 경제 성장에 총력을 기울입니다. 싱가포르 정부는 경제 성장을 하려면 국민들이 영어에 숙달되어야 한다고 판단하고, 전 국민을 대상으로 영어를 집중적으로 교육하고 장려하는 정책을 폅니다. 그 덕에 별 자원 없는 싱가포르가 아시아의 무역, 금융, 유통의 중심 국가로 성장하게 됩니다. 영국에서 독립했지만 언어 주권 회복이라는 명분에 매달리지 않고 영어 권장 정책을 편 리콴유 수상에게 싱가포르 사람들은 지금도 존경을 보냅니다.

싱가포르에도 표준 영어와는 거리가 있는 어법, 자기들끼리만 공유되는 어휘들이 만들어지고 있습니다. 그래서 사람들은 싱가포르 영어를 'Singlish'라고도 합니다. 이런 현상은 자연스러운 것이므로 '싱글리쉬'를 영어 방언 중의 하나로 보면 된다고 싱가포르 사람들은 말합니다.

하지만 싱가포르 정부는 생각이 다릅니다. 정부는 싱가포르 국민들은 영어를 모국어로 하는 사람들처럼 표준 영어를 배우고 쓸 수 있으며, 써야 한다고 주장합니다. 정부는 표준 영어 권장 정책을 지속적으로 펼치고 있습니다. 싱가포르 정부의 이러한 노력으로 '싱글리쉬'는 표준 영어에서 아주 멀어지지는 않을 것 같습니다.

CHAPTER 12

영어의 현재와 미래

01 쉽지 않은 영어 철자 개선 작업

인쇄 사업의 발달을 계기로 다양하던 영어 단어의 철자 방식은 표준화되었습니다. 하지만 말은 이에 상관없이 변합니다. 외국어 단어들도 끊임없이 영어에 들어오구요. 발음과 철자 사이에 간격이 생기는 단어들이 점점 늘어만 갑니다. 그러다 보니 단어 철자를 틀리지 않고 바르게 쓰는 것이 만만치가 않습니다. 19세기 후반에 영국에서 공무원 임용 시험이 있었는데요. 응시생 중 1,972명이 떨어졌는데, 그중 1,866명이 영어 철자 시험 성적이 안 좋아 낙방했다는군요.

영어 철자 방식을 개선해 보려는 움직임이 19세기에 들어 활발해집니다. 미국에서는 1876년에 '미국철자개혁협회', 영국에서는 1879년에 '영국철자개혁협회'가 구성되었습니다. 20세기에 들어서는 앤드류 카네기의 지원에 힘입어 미국에서 1906년에 '단순화철자이사회'가 조직되었고, 영국에서도 '영국단순화철자학회'가 구성되었습니다. 이들은 철자를 간소화하거나, 발음과 철자를 맞춘 단어들의 목록을 제시하기도 하고, 음소 표기를 위한 새로운 철자들을 개발하여 학회지에 발표하기도 했습니다. 하지만 이러한 노력은 세간의 관심과 호응을 얻지 못하고 모두 역사 속으로 사라졌습니다.

이들의 수고에 대중들은 무관심했고, 신문이나 잡지, 서적 등을 발행하는 출판사들은 여전히 전통적인 철자 방식을 고수했습니다. 영어 철자가 혼란스럽다는 건 인정하지만, 그렇다고 이미 친숙해진 단어들의 철자를 바꾸는 건 흔쾌히 수용이 안 되었던 겁니다. 수백 년 동안 사용되어 사람들 뇌리에 깊이 각인된 단어 철자들이 몇몇 학자들의 제안에 그렇게 뚝딱 바뀔 리가 없지요.

하지만 이들의 제안이 수용되어 철자가 개선된 단어들도 있습니다. 그중 몇개를 소개하면,

programme → program

catalogue → catalog

though → tho

although → altho

through → thru

throughout → thruout

program이나 catalog 같은 단어들은 이미 대세가 되었습니다. 나머지 단어들은 아직도 구어적인 표현 정도로 취급됩니다. 그런데 이런 간소화된 철자를 매우 선호하는 분야가 있는데, 바로 광고계입니다. 단어들이 군 철자 없이 짧고 경쾌하니까 광고 카피용으로 더없이 좋은 거죠.

여기에서 생각해 볼 점은, 사람의 말소리를 표기하는 것이 문자 기능의 전부인가 하는 점입니다. 일부 학자들은 영어 철자가 음소를 표기하는 것만 아니라 의미를 내포하는 기능도 있다고 말합니다. 그러므로 영어 단어를 표음 위주로만 표기하면 단어의 독특한 철자 방식이 의미를 시각적으로 전달해 주는 기능이 없어져 불편함이 더 많게 된다는 것입니다. 이런 생각을 가진 학자들은 당연히 영어 철자 간소화 운동을 반대합니다.

우리말이든 영어든, 단어의 발음은 같지만 뜻이 여럿인 경우가 참 많습니다. 이럴 때, 단어가 발음 나는 대로만 표기되면 여러 의미의 말이 동일한 형태로 표

기됩니다. 이렇게 되면 글의 의미가 불분명해지죠. 하는 수 없이 앞뒤 문맥을 살펴 의미 파악을 해야 합니다. 그런데 의미에 따라 단어의 철자 방식이 다르면 의미파악이 금방 될 수 있습니다. 우리글에서는 한자가 이런 기능을 합니다. 우리말 단어를 한자로 표기하면 한자를 아는 사람은 그 단어의 의미를 즉시 파악합니다.

영어를 예로 들어 볼까요. 다음 두 문장이 있습니다.

The book was read. (그 책 읽었어.)

The book was red. (그 책은 빨간색이었어.)

위 문장의 'read'와 'red' 두 단어는 발음이 같습니다. 하지만 철자 방식이 다르기 때문에 독자는 의미를 쉽게 구별할 수 있습니다.

그런데 이 두 문장을 발음대로 표기하면 두 문장 모두,

The book was red.

이렇게 쓰게 되겠죠.

그러면 이 책은 '빨간' 색인가요, 아니면 '읽은' 책인가요?

벤저민 프랭클린, 노아 웹스터, 버나드 쇼, 루즈벨트 대통령 등, 우리 귀에도 익숙한 분들을 비롯한 많은 학자들이 영어 철자 개혁을 위해 노력했지만 이렇다 할 변화를 가져오지 못했습니다. 발음과 철지의 일관성은 좀 떨어져도 의미 구별이 확실하게 되는 철자 방식이 지속적으로 사용되고 있다면, 그 방식이 단점보다는 장점이 더 많기 때문일 겁니다. 조셉 프리슬리의 말처럼, 영어 철자 방식의 개선도 '시간의 선택에 맡기는' 것이 가장 현명한 방법인 것 같습니다.

02 영어 - 인류 문명의 발달을 담는 그릇

18세기와 19세기에 걸쳐 영국에서 산업혁명이 일어나면서 인간 사회의 모든 분야에 커다란 변화와 혁신이 전개됩니다. 이 시기의 가장 두드러진 특징은 과학 기술의 눈부신 발달입니다. 이 과정이 진행되면서 함께 요구되는 것은, 이전에는 몰랐던 새로운 현상과 작동, 이를 유도하고 이용하는 각종 기계, 그리고 이 기계를 구성하는 복잡한 부품과 동작 과정을 정의하고 설명하는 말과 글입니다.

이러한 모든 새로운 것들을 정의하고 설명하여 사람들이 이해하고 공유할 수 있게 하는 창의적이고 융통성 있는 언어가 필요했습니다. 그 역할을 다름 아닌 영어가 놀라울 정도의 유연함과 새로운 어휘를 쉽게 만들어내는 창조성을 발휘하며 무리 없이 수행해 왔습니다. 19세기 중 전 세계에서 발표된 각종 논문, 전문 잡지, 서적들의 절반 이상이 영어로 출간되었다고 합니다. 영어의 유연함과 수용성을 실감하게 합니다.

20세기에 들어와서는 영국에 이어 미국이 인류 문명의 발전을 이끌어 가는 역할을 수행해 왔습니다. 이렇게 영어 사용 국가들이 300년에 걸쳐 지구촌 사회에서 주도적인 역할을 해 오다 보니, 자연히 영어가 세계의 수많은 언어들 중에 단연 주목받는 언어가 되었습니다.

흥미로운 것은, 영어의 유연함과 창의성에 한계가 없는 것처럼 느껴진다는 것입니다. 인터넷, 디지털, 모바일 시대라고 하는 21세기에도 세계가 영어에 의존하는 정도는 점점 더 심화되고 있는 것 같습니다. 인터넷을 만든 나라도, 새로운 지식 혁명이 주도적으로 일어나는 곳도 미국입니다. 그리고 그 파급 효과는 놀라운 속도로 세계 곳곳에 이르고 있고, 사람들의 생활 방식을 바꾸어 가고 있습니다. 이러한 변화와 혁신이 매일의 일상이 되어 버린 것 같은 요즈음, 그 모든 것을 담는 그릇은 예나 지금이나 변함없이 영어입니다.

세상이 인터넷과 디지털 시대로 바뀌면서 영어에 새로운 물결이 밀려오고 있습니다. 사람들이 문자 메시지를 일상적으로 주고받으면서 영어를 가능하면 편하고 짧게 쓰려는 경향이 널리 퍼지는 것이죠. 그러다 보니 문장의 첫 글자를 대문자로 쓰고, 문장 끝에 마침표를 하거나, 아포스트로피(')를 하는 것이 문자 메시지에서는 지켜지지 않는 것 같습니다.

이외에도, 단어의 앞 철자만 쓰거나, 의성어나 의태어식 표현을 만들거나, 또는 알파벳 철자·숫자·각종 문장 부호들을 뒤섞어 암호 같은 표현들을 만들어 쓰는 것이 일반화되었습니다.

몇 가지 예를 소개하겠습니다.

LOL = laughing out loud

haha = 웃음소리의 의성어

:) = 행복하거나 웃는 표정(smile or happy)

:(= 슬프거나 찌푸린 표정(sad or unhappy)

>:(= 화난 표정(angry)

이런 표현들도 지금은 한물간 구식이라고 합니다.

문장도 이렇게 줄여 씁니다.

C U L8R = See you later

영국 스코틀랜드의 한 영어 선생님이 학생들에게 지난 여름방학 때 한 일에 대한 글짓기 과제를 냈는데, 13살 된 한 학생이 이런 글을 제출했다고 합니다.

"My smmr hols wr CWOT. B4, we used 2 go 2 NY 2C my bro, his GF & thr 3:-@ kds FTF. ILNY, its gr8."

거의 암호 수준이죠?

이 암호를 해독하면 이렇습니다.

"My summer holidays were complete waste of time. Before, we used to go to New York to see my brother, his girlfriend and their three screaming kids face to face. I love New York, it's great."

영어권의 교육학자들은 디지털 시대의 이런 풍조로 인해 학생들이 영어를 읽고 쓰는 능력이 저하되거나, 영어의 전통적인 규범이 훼손되지 않을까 우려합니다. 하지만 다른 한편에서는 이런 현상을 긍정적으로 보기도 합니다. 젊은 사람들이 이런 메시지를 주고받으면서 정기적으로 글을 읽고 쓰게 된다는 것이죠. 이렇게라도 읽고 쓰는 것이 아무 것도 안 하는 것보다 낫다는 겁니다.

어찌 되었건, 21세기 디지털, 모바일 시대의 이러한 영어 사용 현상이 영어에 어떤 족적을 남기게 되는지는 시간이 더 흘러가 봐야 알게 될 것 같습니다.

04 영어 - 앞으로 얼마나 갈까?

영어, 앞으로도 지구촌 제일의 공용어로서 역할을 계속 수행할까요? 그렇다고 한다면, 얼마 동안 그렇게 할까요? 학자들마다 좀 다르겠지만 일반적으로, 앞으로 백 년간은 영어가 지금과 같은 기능과 역할을 수행할 것으로 예상합니다.

그 근거로 사람들마다 이런저런 논리와 증거들을 제시하겠지만, 누가 뭐라 해도 모두 예측일 뿐입니다. 영어의 미래를 단정적으로 말할 수 있는 사람은 아무도 없습니다.

하지만 우리 모두 별다른 이의 없이 동의할 수 있는 것은, 2016년 현재 태어나고 있는 아기들 역시 부모님 세대처럼 영어로 전문 지식을 배우고, 영어로 국제 비즈니스를 하게 될 거라는 점입니다.

한국은 지리적인 특성상 영어에 더해 배움을 고민해야 할 언어가 또 하나 있습니다. 그렇죠, 바로 옆에서 떠오르는 강자, 중국의 말입니다. 한국에서 중국어의 중요성은 거의 영어에 버금갈 정도가 된 듯합니다. 정치, 경제, 사회, 문화 등 모든 면에서 중국의 영향과 위력을 피부로 느끼며 살아가는 오늘날이 되었습니다.

제일 바람직한 것은 우리 아이들이 영어와 중국어 둘 다 잘하는 것이겠지요. 하지만 외국어를 배우고 익히는 데는 상당한 시간과 노력을 들여야 합니다. 두 언어 모두 잘하면 좋겠지만, 그게 여의치 않으면 심사숙고하여 선택과 집중을 하는 것도 괜찮은 차선책이 될 수 있습니다.

한 가지 언급하고 싶은 것은 요즘 디지털 통역, 번역 기술이 놀랍게 발전하고 있다는 점입니다. 인터넷상의 문서 번역 서비스는 이제 기본이 되었습니다. 음성 인식 기술과 자동 통번역 기술이 빠른 속도로 융합되고 있고, 동시통역 서비스가 이미 제공되고 있습니다. 어느 언어를 하는 외국인을 만나도 각자의 모국어로 의사소통할 수 있는 시대가 급속히 다가옵니다.

그럼 이제 더 이상 영어를 배울 필요가 없을까요?
여러분 스스로 생각하고 판단하시기 바랍니다.

PART 03.

영어의 특징

CHAPTER 13

Alphabet

01 알파벳의 진화

희랍을 경유해 들어온 에트루리아 철자로부터 로마인들은 21개의 철자를 받아들였습니다. 그 철자의 표기 순서는 다음과 같습니다.

A, B, C([k] '크로 발음), D, E, F, Z, H, I, K, L, M, N, O, P, Q, R, S, T, V(자음 'v'와 모음 'u' 두 가지 소리로 발음), X.

이 로마 철자를 영국 사람들이 자기네 말을 표기하는 데 사용하면서부터 영어 알파벳의 역사가 시작되었습니다. 로마 철자의 순서를 보면, 현대 영어 철자와 비슷한 순서임을 알 수 있습니다. 시간이 가면서 철자 몇 개가 새롭게 추가되었고, 그에 따라 철자 순서도 조금 변했습니다. 그 과정을 정리하면 다음과 같습니다.

1) Z의 탈락

먼저 'Z'가 탈락합니다. 라틴어에서는 이 철자가 필요하지 않았기 때문입니다.

2) C의 분화

'C'는 처음에 유성음과 무성음 두 소리를 모두 나타냈습니다. 그러다 두 소리를 각각 다른 철자로 나타내게 되었습니다. 무성음 '크' 소리는 'C'가 그대로 담당했고, 짝이 되는 유성음 '그' 소리는 'G'라는 철자를 새로 만들어 표기했습니다.

새로 만들어진 'G'가 쓸모가 없어 탈락된 'Z'의 자리를 차지했습니다. 'G'의 모양을 찬찬히 살펴보세요. 'C'와 비슷하게 생긴 것을 알 수 있죠. 'C'의 아래 끝을 안으로 구부려 넣어 'G'를 만들었습니다.

3) Y와 Z의 차입

'Y'와 'Z'는 로마가 기원전 1세기에 그리스를 정복한 후, 그리스 단어들을 라틴어로 표기하기 위해서 그리스어에서 가져온 철자들입니다. 시간이 지나면서 라틴 철자 뒷자리에 자리 잡고 라틴 철자의 일원이 됩니다.

'Z'의 운명이 흥미롭죠? 처음에는 쓸모가 없어 탈락되었는데, 그리스어 단어들이 라틴어에 유입되면서 다시 필요하게 되어 알파벳 맨 끝에 자리 잡았습니다.

---

02 J, U, W는 언제 어떻게 만들어졌나요?

로마 알파벳을 현대 영어 알파벳과 비교해보면 'J, U, W'가 빠져 있는 것을 알 수 있습니다. 이 세 철자는 나중에 고안되어 영어 자모에 새롭게 추가되었습니다.

1) J

'J'는 'I'에서 파생되어 나온 철자입니다.

'I'는 초기에 모음(장모음 e 소리) 소리만 나타냈습니다. 그러다 시간이 가면서 새로운 자음 소리(yes'에서의 y 소리)를 나타내는 용도로도 쓰이게 되었습니다.

그러다 11세기에 노르만족이 영국을 정복하면서 'I'가 jump의 j[ʤ] 소리를 표기하는 데도 사용되기 시작했습니다. 이유는 노르만족이 쓰던 고대 프랑스어에서 'I'의 자음 음가가 [ʤ]였기 때문이었습니다. 그래서 11세기부터 17세기에 이르기까지 'I'는 모음과 자음 2개를 나타냈습니다.

17세기에 들어와서 자음 [ʤ]를 나타내는 철자로 'J'가 독립적으로 사용되기 시작했습니다. 'J'가 독립된 철자로 처음 분류된 것은 1806년에 출간된 노아 웹스터의 첫 번째 사전이었을 것으로 추정됩니다. 그보다 50여 년 전에 편찬된 사무엘 존슨의 영어 사전에서는 철자 'J'가 'I'와 같은 철자로 취급되었습니다. 그러므로 'J'가 자음 [ʤ]를 나타내는 독립된 알파벳 철자로 확립된 시기는 비교적 최근이었음을 알 수 있습니다.

철자의 순서도 엄마 격인 'I'의 바로 다음에 자리 잡았고, 모양도 'I'의 아래 끝을 갈고리처럼 왼쪽으로 살짝 구부려 만들었습니다.

2) U

'U'는 'V'에서 파생되었습니다.

'U'는 기원 3세기에 처음 등장했습니다. 이때는 단순히 'V'자의 변형으로 쓰였습니다. 'V'는 초기에는 자음과 모음을 동시에 나타냈습니다. 'V'의 발음은 단어에서의 위치에 따라 달랐는데, 단어의 맨 앞에 올 때는 자음 소리를 나타내었고, 'V' 모양으로 많이 쓰였습니다. 단어의 중간이나 끝에 올 경우에는 모음 소리를 나타내었고, 아래가 둥근 'U'의 형태를 띠었습니다.

그러다 17세기쯤 되어 이 두 모양의 철자가 각각 독립하게 되었습니다. 'U'는 주로 단어의 중간이나 끝에 와서 모음 소리를 나타냈기 때문에 모음 철자로 정착되었습니다. 'V'는 단어의 첫 글자로 많이 쓰였기 때문에 자음 철자로 고정되었습니다. 하지만 19세기에 출간된 사전들 중에도 'U'와 'V'를 구분하지 않은 사전들이 꽤 있습니다. 철자 순서는 'U'가 먼저 오고 'V'가 그다음에 자리 잡았습니다.

3) W

영어에는 소리가 있는데, 그 소리를 나타내는 라틴 철자가 없는 경우가 생겼는데, 그게 바로 '워' 소리였습니다. 그래서 영국 사람들은 'U'를 이어 써서(UU) '워' 소리를 표기했습니다. 8세기에 와서 'UU'가 '윈(wynn)' 또는 '웬(wen)'이라고 불리는 룬(rune)문자 'ᛈ'로 교체되었습니다. 'ᛈ(윈)'은 알파벳 'P'와 비슷하게 생겼지만 '프[p]'와는 전혀 다른 '워' 소리를 나타냈습니다.

하지만 다행히도 'UU'가 프랑스와 독일 지역에서는 계속 사용되었습니다. 그러다 11세기에 노르만족이 영국을 정복할 때, 노르만족과 함께 'UU'가 영국으로 다시 들어왔습니다. 그 후 'UU'가 'ᛈ(윈)'을 밀어내고 독립된 영어 철자가 되었습니다.

이 'UU'가 변하여 'W'가 되었고, 철자 순서는 'U, V' 다음에 자리 잡습니다. 이름은, 'U'를 이어 써서 만들었기 때문에 'Double U(더블유)'가 되었습니다. 따라서 'W'는 제 이름에 자신의 소리를 나타내지 못하고 있습니다.

CHAPTER 14

영어의 소리와 Alphabet

01 영어는 소리는 많은데 철자 수는 적어

영어에서 사용되는 소리의 수는 언어학자들의 기준에 따라 40개에서 52개에 이르기까지 다양합니다. 하지만 일반적으로는 44개에서 46개의 음소가 사용되는 것으로 받아들이고 있습니다. 말소리를 철자로 표기하는 방식은 철자들이 말소리를 얼마나 일관성 있게 나타내느냐가 중요합니다. 이 점에 있어서 한글 표기 체계는 매우 우수합니다. 한글은 발음상의 변칙이나 예외가 거의 없습니다. 따라서 우리말 읽기와 쓰기를 배우는 일은 그다지 어렵지 않습니다. 한글 배우는 것이 한문 공부에 비해 너무나 쉽기 때문에 한글을 '아침 글'이라고도 했습니다. 오전 한나절이면 익힐 수 있을 만큼 쉽다는 뜻이죠.

그런데 영어는 좀 복잡합니다. 영어의 말소리는 50개 가까이 분류될 만큼 많은데, 이 소리들을 표기하는 철자 수는 26개에 불과합니다. 그중에서도 모음 철자 수는 A, E, I, O, U로 5개뿐입니다. 말소리에 비해 철자 수가 한참 모자라니까, 자연히 여러 변칙들이 등장합니다. 그중 제일 흔한 변칙이 바로 철자를 두 개 이상 묶어 새로운 소리를 나타내는 것입니다.

02 헷갈리게 하는 철자 X, U, W, Y

영어 알파벳 중에 특히 x, u, w, y는 단어에서 매우 다양한 방식으로 사용됩니다. 이 철자들의 사용 방식이 변화무쌍하기 때문에 이 철자들을 종종 '카멜레온 철자'라고 부릅니다.

1) X

세 가지의 소리를 나타냅니다.

(1) [z]: xerox

(2) [ks]: xerox, mix, taxi, excellent

　　(x 앞에 강세 음절이 오고, x 뒤에는 무강세 음절이 올 경우)

(3) [gz]: exact, examine

　　(x 앞에 무강세 음절이 오고, x 뒤에 강세 음절이 올 경우)

2) U

네 가지의 기능을 가지고 있습니다.

(1) 자신의 모음 소리를 나타내는 경우: cut, unkind

(2) [w(워)] 소리를 나타내는 경우: quack, assuage, language

　　(u가 자음 철자 덩어리에 포함됨)

(3) 다른 모음 철자와 함께 짝으로 와서 모음 소리를 나타내는 경우: sauce, blue, fruit

　　(u가 모음 철자 덩어리에 포함됨)

(4) 자신의 소리는 내지 않으면서 함께 쓰인 다른 철자의 기능을 제한하는 경우: vague, vogue, morgue

　　(u가 e 앞에 와서 g 소리가 [ʤ]로 바뀌는 것을 방지함)

3) W

두 가지의 기능을 가지고 있습니다.

(1) 자음 소리 [w]를 나타내는 경우: water, beware

(2) 다른 모음 철자와 짝이 되어 모음 소리를 나타내는 경우: snow, few

　　(w 혼자서 모음 소리를 나타내는 경우는 없음)

4) Y

세 가지의 기능을 가지고 있습니다.

(1) 자음 [j]를 나타내는 경우: yes, beyond

(2) 모음 소리 [i], [ɪ], [ai]를 나타내는 경우: baby, gym, cry
　　　　　　　　　　　　　　　　　　　　　　[i]　[ɪ]　　[ai]

(3) 다른 모음 철자와 짝으로 오는 경우: toy, buy, stay

03 영어 철자는 음과 훈을 동시에 나타낸다

영어 쓰기 방식의 특징 중의 또 하나는, 알파벳이 소리만 표기하는 것이 아니라 의미도 나타낸다는 점입니다. 이런 표기 방식을 심층표음어深層表音語 방식이라고도 하고, 철자가 소리와 의미를 동시에 나타내기 때문에 의미음성언어意味音聲言語 체계라고도 합니다.

일부 언어학자들은 영어의 이런 특징을 매우 긍정적으로 평가합니다.

예를 들어 보겠습니다.

education(ducation): 이끌어냄(교육)

induction(duction): 이끌어 들임(징집)

두 단어가 비슷한 모양의 철자 덩어리를 공유하고 있죠?

두 철자 덩어리의 어원은 라틴어입니다.

educatus: 끌어내다

이처럼 철자가 의미와 발음을 함께 나타내는 것이 영어 철자 체계의 독특한 특징입니다. 그러면 영어 철자는 어느 쪽에 비중을 더 두고 있을까요? 소리인가요, 의미인가요?

금방 판단이 되시죠? 그렇습니다. 영어는 소리보다는 의미를 간직하는 쪽에 조금 더 치우쳐 있습니다. 많은 수의 영어 단어들이 외국어에서 들어왔는데, 영어는 외국어의 철자를 그대로 보존하려는 경향을 보입니다. 그렇게 하면 단어의 어원이나 본래의 의미 즉, 훈(訓)을 그대로 살릴 수 있기 때문입니다.

이처럼 웬만하면 외국어 철자를 그대로 가지고 있으려다 보니 하나의 철자가 여러 소리로 발음되거나, 또는 하나의 소리가 여러 형태의 철자 조합으로 표기되는 경우가 생겨나게 되었습니다.

그렇다 하더라도 영어 철자 방식은 기본적으로 소리를 표기하는 음성언어 쓰기 체계임에 틀림없습니다.

04 같은 소리도 철자 방식은 각양각색

영어 단어는 의미와 소리를 동시에 나타내려 하기 때문에, 같은 발음이라도 단어에 따라 철자 방식이 각양각색입니다.

장모음 e 소리가 단어에 따라 어떻게 철자화되는지 볼까요?

[e]: team   receive   lief   deep   key   quay   pete
       ea   ei   ie   ee   ey   uay   e—자음—e

자음도 하나 살펴보죠. [ʃ] 소리가 철자화되는 형태입니다.

[ʃ]: shine   sure   schedule   brochure   mission   nation
      sh   s   sch   ch   ss   ti

그리고 하나의 소리를 표기하기 위해 철자가 네 개나 뭉쳐서 오기도 합니다.

weight: [a]

though: [o]

음소를 표기하는 철자 방식이 복잡하기도 하고, 언뜻 보기에는 철자들이 제멋대로 사용되는 것 같기도 합니다.

하지만 영어 단어의 철자 방식을 잘 살펴보면, 예측 가능한 법칙들이 존재하는 것을 발견할 수 있습니다. 그리고 소리가 나지 않는 여분의 철자들도 법칙에 따라 일정한 순서로 붙어 있는 것을 확인할 수 있습니다. 불필요한 것 같은 이 여분의 철자들이 실은 수많은 영어 단어들을 만들어내는 핵심적인 역할을 합니다.

05 영어 철자 공식들 몇 가지를 알아봅시다

영어에서는 40개가 넘는 소리를 표기하는 철자 방식이 자그마치 250가지나 된다고 합니다. 따라서 영어 문장을 유창하게 읽으려면, 여러 철자 방식으로 표기된 소리들을 신속하고 정확하게 풀어내는 능력이 요구됩니다. 이 능력은 단어를 단순히 암기한다고 해서 되는 게 아닙니다. 철자 덩어리가 만들어지는 법칙을 알아야 달성할 수 있습니다.

몇 가지 예를 들어볼까요?

1) picnicking

중간에 k가 추가된 이유는, 자기 소리를 내기 위해서가 아니라, 바로 앞에 있는 c가 [스] 소리가 아니라 [크] 소리로 읽히게 하기 위해 c 뒤에 들어간 것입니다.

2) continue

단어 맨 끝에 e가 추가된 것은, 바로 앞의 u가 저 혼자 있으면 짧은 모음 소리로 발음되기 때문에 이를 막고 긴 모음 소리로 발음되게 하기 위해서입니다.

3) guess

u 역시 앞의 g가 [즈] 소리가 아니라 [그] 소리로 나게 하기 위해 일부러 온 것입니다.

4) date

맨 끝의 e 역시 가운데 모음 a가 긴 모음소리 [에이]로 소리 나게 하기 위해 붙은 것입니다.

---

06 영어 소리가 단어에 표기되는 유형들

제1부에서 'IPA 음성 기호'를 소개해 드렸습니다. IPA 음성 기호는 쉽게 말하면, 우리가 학교에서 배웠던 영어 발음기호입니다.

동일한 소리가 영어 단어에서 발음되는 위치와 철자 방식을 표로 정리했습니다. 여러 유형들을 가능한 한 많이 수록하고자 했습니다. 하지만 100%는 아닙니다. 다른 예들이 더 있을 겁니다. 또 외국어가 영어에 새롭게 편입되면서 새로운 표기 방식이 만들어질 수도 있구요.

1) 자음(consonants): 28개

음성 부호	단어에서 발음되는 위치와 철자 방식
p	spit, apple, tip
pʰ	pit, prince, play, appear ([p] 소리에 [h] 음이 뒤섞여 소리 남)
b	bit, hub, brave, bubble
t	stick, nit, kissed, write
tʰ	tick, intend, attack ([t] 소리에 [h] 음이 뒤섞여 소리 남)
d	duck, dad, drop, loved, hide
k	skin, stick, scab, critique, exceed
kʰ	curve, keen, character, critic, mechanic, close ([k] 소리에 [h] 음이 뒤섞여 소리 남)
g	girl, hug, linger, Pittsburgh
m	meet, ham, smooth, Jimmy, damp, comb
n	nick, din, snow, know, mnemonic, gnostic, pneumatic
ŋ	gong, sink, finger, singer
f	fat, philosophy, flap, coffee, leaf, cough
v	vat, love, travel
s	sit, skit, psychology, pass, pats, democracy, scissors, fasten, receive, ascent
z	zip, jazz, razor, pads, kisses, Xerox, design, lazy, scissors, maize
θ	thigh, through, bath, ether
ð	there, weather, clothe
ʃ	shoe, push, mission, nation, chef, glacial, sure
ʒ	measure, vision, azure, casual, decision
ʧ	choke, catch, feature, rich, righteous
ʤ	judge, midget, George, magic
l	leaf, feel, call, single
ɾ	reef, dear, burry, very, singer
j	you, yes, feud, use
w	witch, swim, what, queen
ʍ	which, where, whale ([h]와 [w]를 같이 발음하는 경우에 나는 소리)
h	hat, who, whole, behave

2) 모음(vowels): 15개

음성 부호	단어에서 발음되는 위치와 철자 방식
i	beet, beat, be, receive, key, believe, people, quay, Caesar, eel
ɪ	bit, resist, ill, kin, women
e	bate, bait, ray, great, eight, reign, they
ɛ	bet, says, guest, dead, said
æ	pan, act, laugh, comrade
u	boot, lute, who, through, too, two, move, ooze
ʊ	put, foot, could
ʌ	cut, enough, does, cover, flood
o	goat, go, grow, though, toe, own, over
ɔ	taught, stalk, core, raw, ball, awe
a	father, palm, honor, hospital
ə	sofa, alone, suppose, melody, tedious, the
ai	kite, sight, by, die, dye, aisle, height, sign
au	about, crown, doubt
ɔi	boy, oil, coil, oyster

3) r에 영향을 받는 모음(r-controlled vowels): 6개

음성 부호	단어에서 발음되는 위치와 철자 방식
ɑːr	hard, car
əːr	bird, nurse, fur, stir
ɔːr	corn, oar, Boer
ər	paper, professor
ɛər	care, there, their, hair
iər	beer, hear

07 영어 소리를 분류하는 방식은 여러 가지

정리해 놓고 보니 영어 음소가 49개나 됩니다. 아무래도 이건 좀 많은 것 같군요.

우선 [p, t, k]와 [pʰ, tʰ, kʰ]가 별개의 소리로 분류되었습니다. 두 소리의 차이점은 [p, t, k]는 단순 무성파열음無聲破裂音인데, [pʰ, tʰ, kʰ]는 무성파열음 뒤에 h음이 살짝 곁들여져 발음됩니다. 두 소리의 단어들을 번갈아 발음해 보세요. [p, t, k]와 [pʰ, tʰ, kʰ] 소리의 차이를 감지하실 수 있을 겁니다.

[pʰ, tʰ, kʰ]를 무성기식음無聲氣息音 또는 무성대기음無聲帶氣音이라고 하고, 음성 부호 오른쪽 위로 작은 h를 붙여 표기합니다. 그런데 이 분류는 음성학적으로 하는 것이고, 음운론적으로는 서로 구분하지 않고 하나의 음소로 간주합니다.

또 하나는, r에 영향을 받는 모음들입니다. 영국식 발음은 r을 발음하지 않습니다. car를 발음할 때 r을 발음하지 않는 거죠. 그렇다면 굳이 r의 영향을 받는 모음들을 따로 분류할 필요가 없습니다.

which, where, whale 같은 단어들도, 대부분 [h]를 발음하지 않고 [w]로 발음합니다. 그런데 일부 방언에서는 [h]와 [w]를 모두 발음합니다. 그러면 [w]와는 별개로 [ʍ] 소리를 따로 분류해야 합니다. [ʍ]는 모양이 좀 낯설죠? 일반적으로는 [hw]로 표기합니다.

08 음성학音聲學과 음운론音韻論의 차이

음성학과 음운론은 어떻게 다른가요?

예를 들어 보겠습니다. 다음 네 개의 단어가 있습니다.

table, swept, bitter, tray

이 네 단어에 있는 철자 t가 나타내는 음소가 뭐냐고 질문을 받으면 우리는 /t/라고 대답합니다. 맞습니다. 이 네 단어 모두 음소 /t/를 가지고 있습니다. 그런데 이 대답은 음운론적인 대답입니다.

그런데 같은 소리라고 느끼는 이 /t/ 소리가 실은 단어마다 조금씩 다르게 발음됩니다.

- table: 파열음으로, 혀와 입천장이 서로 들러붙어 공기를 막고 있다가 둘이 떨어지면서 공기가 터져 소리가 납니다. 공기가 터지면서 나는 파열음입니다.
- swept: 파열이 일어나지 않거나, 혀가 입천장에서 떨어지는 둥 마는 둥 하면서 소리가 납니다. 그래서 이 소리를 내파음 또는 불파음이라고 합니다.
- bitter: tt 소리는 혀가 윗니 아래로 처지면서 발음이 됩니다. 이 현상을 혀의 플래핑 현상이라고 하는데, 혀가 윗니에 제대로 닿았다가 떨어지면서 소리를 내는 것이 아니라 혀가 윗니에 닿는 둥 마는 둥 하다 부르르 떨면서 소리가 납니다. 이때 t 소리는 거의 [ㄹ]에 가까운 소리로 발음됩니다.
- tray: t가 바로 뒤의 r 발음에 영향을 받아 혀가 좀 더 뒤쪽의 입천장에 붙게 되거나 또는 붙는 둥 마는 둥 하면서 소리가 납니다. 그리고 바로 r 소리로 이어지죠. 그래서 파찰음처럼 발음되어 [추레이]에 가깝게 소리납니다.

이처럼 각각의 소리를 있는 그대로 표면적, 구체적, 사실적으로 분석하여 이 [t]는 어떻고, 저 [t]는 또 어떻고 하며 연구하는 학문이 음성학입니다. 음성학은 사람의 말소리를 분석하고 규명하는 것뿐만 아니라 소리를 사람이 어떻게 인지하는가, 그리고 소리를 어떻게 발화하는가 등도 연구합니다.

그러면 음운론은 무엇을 다루나요?

음운론은 음성학적으로 정의된 말소리가 언어에서 어떤 체계를 형성하는가에 대해 연구합니다. 그러므로 음성학적으로는 서로 다른 소리가 음운론적으로는 하나의 음소로 분류될 수 있습니다. 음운론은 언어의 음소를 찾고, 음소 간에 일어나는 변화, 둘 또는 그 이상의 음소가 조합되는 방식, 그리고 이에 따라 나타나는 강세·고저·장단 등과 같은 운율 현상을 연구하는 학문입니다.

예를 들면, 영어에 [ŋ]이라는 콧소리 자음이 있습니다. 단어에서 이 소리는 어디에 위치하나요?

gang, ping, think, singer

단어의 끝이나 중간에 위치합니다. 하지만 단어의 첫소리로는 오지 않습니다.

ngas(×), ngten(×), Nguyen(×)

그런데 [ŋ]이 단어의 첫소리로도 오는 언어가 있습니다. 베트남어가 그렇습니다. 위에 언급한 'Nguyen'은 베트남 사람의 흔한 이름 중의 하나입니다. 이 이름을 우리글로 표기하면 '응구옌'이 되겠군요. 이 발음이 우리말로는 어떻게 느껴지시나요? 좀 어색합니다.

이처럼 언어에서 소리가 서로 조합되는 구조와 이에 수반되는 다양한 발음 현상을 연구하는 학문이 음운론입니다.

언어의 음운 구조와 패턴을 연구하려면 말소리를 파악하고 규명하는 음성학적 연구가 선행되어야 합니다. 그러므로 음성학과 음운론은 언어학의 한 부분으로서 독자적이며 동시에 서로 긴밀하게 연결되어 있습니다. 음운론의 관점에서 말하자면 음성학은 음운론의 기초가 되는 학문이라고 할 수 있습니다.

CHAPTER 15

영어 발음의 특징

01 단어 중간의 [t]와 [d] 소리가 떨리는 플래핑 현상

다음 단어들을 편하게 발음해 보세요.

putting, pudding

writer, rider

latter, ladder

짝을 이루는 단어의 [t]와 [d]의 발음이 서로 비슷하죠?

단어 중간에 발음되는 [t]와 [d] 소리는 혀가 치경에 닿는 듯하다 아래로 처지면서 혀가 살짝 펄럭이면서(flapping) 소리가 납니다. 우리식으로 혀가 부르르 떨면서 굴리는 소리가 난다고 하는 것이 더 쉽게 와 닿을 겁니다.

그런데 이런 식의 발음이 말을 성의 없이 하는 거라고 생각하면 좀 곤란합니다. 이런 발음 현상은 예측할 수 있는 법칙에 따라 발음되는 것이기 때문이죠. [t]와 [d]가 두 모음 사이에 있고 앞 모음에 강세가 오고 뒷 모음에는 강세가 없으면, 혀가 아래로 처지면서 [t]와 [d]가 발음됩니다.

그러면 다음 단어들을 발음해 보세요.

tally, dally

temple, dimple

tire, dire

단어의 첫소리로 오는 [t]와 [d] 소리는 서로 확실히 구별됩니다. 단어의 첫소리로 오기 때문에 두 소리 모두 자기 소리를 명확하게 냅니다.

그럼 이런 경우는 어떤가요? 다음 단어들을 발음해 보세요.

rooster, panda

이 경우에는 t와 d가 단어 중간에 왔는데도 처지는 소리로 발음되지 않습니다. 왜 그럴까요? 그렇죠, 모음과 모음 사이에서 나는 것이 아니라 자음과 모음 사이에서 발음되기 때문입니다. 앞에 온 자음에 이어서 t와 d가 발음되기 때문에 t, d, 둘 다 제소리를 냅니다.

02 파열음이 파찰음으로 바뀌는 현상

파찰음은 말 그대로 발음할 때 공기가 먼저 파열된 후 바로 마찰되면서 나는 소리를 말합니다. 영어에서는 'ch'와 'j'의 소리가 이렇게 발음됩니다. ch는 무성음이고 j는 이에 대응하는 유성음입니다. 음성 기호는, 무성음은 [č] 또는 [ʧ], 유성음은 [ǰ] 또는 [ʤ]로 표기합니다. 우리는 [č, ǰ]보다 [ʧ, ʤ]가 눈에 더 익숙합니다.

t와 d 소리는 파열음입니다. 그런데 t와 d 바로 다음에 어떤 소리가 오느냐에 따라 파열음이 파찰음으로 바뀌어 소리가 날 수 있습니다. 바로 뒤에 오는 소리의 영향을 받아 앞의 파열음이 파찰음으로 변하는 겁니다.

다음의 소리를 짝으로 발음해 보세요.

take, train

desk, dress

attack, actually

actor, furniture

addict, educate

could he, could you

왼쪽 단어들의 t와 d는 파열음으로 소리가 나는데, 오른쪽의 단어들에서는 t와 d의 소리가 파찰음으로 소리 나는 것을 느낄 수 있습니다. 그 이유는 t와 d 다음에 [r]과 [j](y)가 왔기 때문입니다. [r]과 [j]를 발음하기 위해 앞의 소리를 낼 때부터 나도 모르게 혀가 미리 움직인 겁니다.

치경 파열음이 [r]과 [j] 앞에서 파찰음으로 바뀌어 소리 나는 현상은 영어를 하는 사람들의 일반적인 발음 현상입니다. 미국 아이들이 train이나 dress 같은 단어를 들으면서 받아쓸 때 'CHRAN' 또는 'JRS'로 쓰는 경우가 있습니다. 이렇게 받아쓰는 아이들은 소리 분별력이 매우 좋은 아이라고 할 수 있습니다. 실제로 발음되는 소리를 철자로 썼으니 말입니다.

참고로, 다음 단어들을 한 번 더 발음하면서 유심히 보기 바랍니다.

actually

furniture

educate

[j] 소리는 있는데 소리를 나타내는 철자는 없군요. 철자 u가 [j]와 모음 [u]를 모두 나타내고 있습니다. 이처럼 [j]와 [u]가 결합된 발음 [ju]를 '장모음 u'라고 하기도 하고, 또는 이중모음으로 분류하기도 합니다.

소리의 순서에도 규칙이 있다

어느 언어든지 소리가 오는 순서에는 나름대로의 규칙과 제한이 있습니다. 이 규칙과 제한이 그 언어의 독특한 특징이 됩니다.

다음의 소리를 가지고 영어 단어를 만들어 보세요.
[ŋ], [l], [i], [p]

아마 영어상의 유일한 발음 순서는 [pliŋ]일 겁니다. 왜 그럴까요?

영어에서는 [ŋ]소리가 단어의 첫소리로 오지 않습니다. 자음이 연이어 올 경우 [ŋ]은 두 번째 소리로도 오지 않습니다. 자음이 연이어 올 때 [l] 소리도 첫째로 오지 않습니다. 그리고 영어에서는 [ŋp] 또는 [pŋ]식의 발음 순서도 존재하지 않습니다. 그러니 이 소리들을 가지고 선택할 수 있는 영어식 조합은 시작하는 소리로 [pl]이 오고, 다음에 모음 [i], 그리고 끝소리로 [ŋ]이 오는 것입니다. 매우 흥미롭죠?

영어 단어가 파찰음, 유음, 그리고 비음으로 시작할 경우, 다음에 바로 모음이 옵니다. chwot, lburn, nkap 식의 영어 단어는 없죠. 또 영어 단어에서는 첫 자음 소리가 세 개까지 연달아 옵니다. 그렇다고 아무 자음이나 다 연달아 오는 게 아니라 나름의 제한과 법칙이 있습니다.

영어에서 자음이 세 개 연달아 오는 경우는 다음과 같습니다.
[s] + [p, t, k] + [l, r, w, y]
splint [splint]
sprain [sprein]
spew [spju]
string [striŋ]

stew [stju]

scream [skri:m]

square [skwer]

skew [skju]

이처럼 영어에서는 자음이 연이어 올 때도 나름의 규칙이 있습니다.

그러면 다음 단어는 자음 4개가 연이어 온 거 아닙니까?

screw [skrju]

그렇군요. [skrju]처럼 [r] 다음에 [j]를 발음하고, [j]을 자음으로 분류한다면 자음이 연이어 4개 오는 경우가 될 수 있습니다. 하지만 screw는 [skrju]가 아니라 [skru]로 발음합니다.

04 콧소리와 짝을 이루는 자음은 조음 위치가 같다

다음의 단어를 잘 살펴보세요.

[m]	[n]	[ŋ]
jump	gentle	jungle
jumble	gender	junk
symbiotic	sentinel	singular
sympathy	send	sink

세 개의 콧소리(비음) 다음에 어떤 소리가 왔나요?

단어 철자에 신경 쓰지 말고 소리에 유념해서 살펴보세요. 양 입술소리 [p]와 [b]의 앞에는 입술 콧소리 [m]이 왔고, 치경음인 [t]와 [d] 앞에는 치경 콧소리 [n]

이 왔습니다. 목구멍소리 [k]와 [g] 앞에는 목구멍 콧소리 [ŋ]이 왔구요. 사람이 말할 때, 같은 조음 위치에서 발음할 수 있도록 소리 순서가 되어 있으면 발음하기 쉽고 힘도 덜 듭니다.

발음 순서가 이를 무시하고 제멋대로라면 발음하기 얼마나 힘들겠어요? 아마 처음에는 제멋대로일 수 있겠죠. 하지만 세월이 가면서 위와 같은 순서로 정착됩니다. 사람은 경제적인 동물이라 어렵고 힘든 발음 순서를 그냥 놔두지 않습니다.

05 모음이 콧소리로 바뀌는 현상

모음이 콧소리 자음 앞에서 발음되면 모음이 콧소리로 발음됩니다. 이 현상도 자동적으로 발생되는 현상입니다. 콧소리 모음을 비강 모음이라고 하는데, 영어에서는 이를 별도의 음소로 구별하지 않습니다.

손으로 코를 막고 아래에 짝을 이루는 단어들을 각각 발음해 보세요.

and, add

limb, lib

bunk, buck

went, wet

gang, gag

don't, dote

차이가 느껴지시나요?

왼쪽 단어들은 코를 막고 발음하기가 쉽지 않습니다. 이 현상도 소리를 이어서 발음할 때 좀 더 편하고 쉽게 하려니까 생기는 현상입니다. 콧소리 자음을 말할 준비를 그 앞의 모음을 말할 때부터 미리 하는 것이죠.

하지만 콧소리 자음이 모음 앞에 오면 콧소리 자음은 다음에 오는 모음을 콧소리로 나게 하는 데 아무런 영향을 주지 못합니다.

다음 단어를 코를 막고 발음해 보세요.

net

mitt

코를 막고 발음해도 괜찮죠?

소리가 바뀌는 것은 다음에 오는 소리를 쉽게 발음하려고 미리 준비하기 때문에 나타나는 현상입니다. 그런데 위의 경우는 콧소리 자음이 모음 앞에서 먼저 발음되니까 그걸로 그만인 겁니다. 다음에 오는 모음은 편하게 제소리를 내든가, 아니면 그다음에 오는 소리를 준비하는 데 신경을 쓰는 거죠. 말 그대로 '과거는 흘러갔다' 입니다.

06 모음을 길게 발음하는 현상

영어의 모음은 경우에 따라 길게, 또는 짧게 발음됩니다.

다음의 단어들을 발음해 보세요.

seize, cease

keel, keep

heed, heat

sped, speck

bed, bet

hag, hack

live, lift

rise, rice

왼쪽 단어들의 모음이 오른쪽 단어들의 모음보다 길게 발음되는 것을 느낄 수 있습니다. 그러면 무엇이 왼쪽 단어들의 모음을 길게 발음하도록 영향을 주는 걸까요? 모음 앞의 자음은 뒤에 오는 모음에 영향을 주지 못합니다. 과거는 흘러갔으니까요. 모음 뒤에 오는 자음이 관건입니다. 모음 다음에 유성자음이 오면 모음이 길게 소리 나고, 무성자음이 오면 모음이 짧게 소리 납니다.

모음 뒤에 유성음이 오면 성대는 계속 팽창된 상태로 있습니다. 그러니까 모음은 제소리를 내고 싶은 대로 낼 수 있습니다. 또 유성음은 팽창되어있는 성대 사이의 공간을 공기가 비집고 지나면서 성대를 떨게 해야 합니다. 그러니 힘도 들고, 공기 흐름도 무성음에 비해 느려집니다. 이런 상태로 모음과 유성자음이 연이어 소리 나니까 모음 발음이 느릿느릿해집니다.

하지만 모음 뒤에 무성음이 오면, 모음이 충분히 발음되기도 전에 성대가 수축됩니다. 모음이 짧게 소리 날 수밖에요. 또 성대가 수축되어 벽에 붙어 있으니까 공기도 방해받지 않고 시원스레 빠른 속도로 성대를 지나 입으로 들이닥칩니다. 그러니 모음은 이래저래 제소리를 제대로 낼 겨를이 없습니다.

07 딥쏭(diphthong)이란?

딥쏭을 우리말로는 이중모음, 또는 복모음이라고 합니다.

영어의 '모음 대이동'이 진행되면서 영어 장모음이 발음되는 위치가 입안에서 한 단계씩 높아지게 되었다고 말씀드렸습니다. 이때 제일 높은 위치에서 발음되던 모음 소리가 밑에 모음이 치받고 올라오는 바람에 어쩔 수 없이 이중모음으로 바뀌게 되었는데, 그 이중모음이 바로 딥쏭(diphthong)입니다.

이중모음은 말 그대로 모음 소리가 발음 도중에 변하여 소리가 두 개가 되는 모음을 가리킵니다. 그래서 명칭도 diphthong입니다. 이 단어의 어원은 그리스 어인데, '두 개의 소리'라는 뜻입니다. 이렇게 소리는 두 개이지만, 공기가 자유롭게 흐르는 상태를 유지하면서 소리가 변하기 때문에 음절 수는 하나입니다. 따라서 1음절을 만드는 하나의 모음입니다.

boy [bɔi]

toilet [tɔilit]

doubt [daut]

bow [bau]

lie [lai]

kite [kait]

그러면 다음 단어들은 어떻게 되는 건가요?

boat [bout]

date [deit]

이것도 이중모음 아닌가요?

맞습니다, 이중모음이라고 할 수 있습니다. 언어학자들 중에는 a의 긴 소리 [ei], o의 긴 소리 [ou]도 이중모음으로 분류하는 분들이 있습니다. 어쨌든 이 두 모음도 소리가 바뀌니까요.

08 이중자(digraph)란?

이중모음과 혼동하기 쉬운 표현으로 이중자(digraph)라는 말이 있습니다. 이 말은 표현 그대로 '두 개의 글자'라는 뜻입니다. 앞에서 살폈듯이 영어는, 소리는 많은데 알파벳 수는 충분치 않습니다. 그래서 편법이 등장하는데, 제일 흔한 편법이 바로 철자 두 개를 하나로 묶어 별개의 소리를 나타내는 것입니다. 이렇게 서로 묶여 한 세트로 움직이는 두 개의 철자 덩어리를 이중자라고 합니다.

이중자는 자음을 나타낼 수도 있고 모음을 나타낼 수도 있습니다. 자음을 나타내면 '자음이중자' 모음을 나타내면 '모음이중자'라고 부릅니다.

자음이중자(consonant digraph)

ch [ʧ]: chair, chin, chicken

th [ð]: this, there, father

th [θ]: thing, thank, thin

ng [ŋ]: gong, sing, fang

sh [ʃ]: shine, sheen, shoot

모음이중자(vowel digraph)

aw [ɔ]: awful, pawn, draw

oo [u]: book, foot, look

oo [uː]: moon, spoon, food

ea [e]: bread, head, wealth

ie [iː]: movie, field, piece

자음 모음 이중자는 이외에도 많습니다.

그러면 이중모음을 나타내는 철자도 두 개가 한 묶음으로 오니까 이중자(digraph)라고 부를 수 있나요? 예, 맞습니다. 이중자라고 부를 수 있습니다. 철자 두 개가 같이 움직이니까요. 차이는 '딥쏭'은 소리가 두 개라는 뜻이고, '다이그래프'는 글자가 두 개라는 뜻입니다.

그렇다면 3중자도 있겠군요?

예, 삼중자(trigraph)도 있습니다.

자음삼중자

sch [ʃ]: **sch**edule, **sch**illing

gue [g]: dialo**gue**

que [k]: anti**que**

모음삼중자

eau [ou]: b**eau**

awe [ɔ]: **awe**

uay [iː]: q**uay**

그럼 4중자는요?

하나의 소리를 표기하기 위해 덩어리로 오는 철자 조합은 3중자까지만 분류합니다. 물론 앞에서 언급한 것처럼, 철자가 네 개나 뭉쳐서 오는 경우도 있습니다.

weight: [a]

though: [o]

이렇게 4개의 철자가 올 경우, 이를 4중자로 분류하지 않습니다. 위의 경우에는 앞에 두 개의 모음 철자가 소리를 나타내는 철자이고, 뒤의 두 자음 철자는 여벌로 온 묵음 철자입니다.

09 슈와(schwa)란?

영어에서 음절이 두 개 이상 되는 단어를 발음할 때, 한 음절은 강세가 오고 나머지 음절은 강세가 없거나 2차 강세가 옵니다. 이때 강세가 없는 모음은 발음하기 제일 편한 모음 소리로 바뀝니다. 이 제일 편하게 나는 모음 소리를 '슈와'라고 합니다.

　　그러면 어떤 소리가 제일 편한 모음 소리일까요? 우리말로 '어' 소리가 가장 편하게 나는 모음 소리입니다. IPA 음성 기호는 [ə]입니다. 슈와는 영어에서 가장 흔하게 발음되는 모음 소리입니다.

　　다음 단어들을 발음해 보세요.

about

definition

upon

activity

circus

sofa

　　위의 단어들에서 알 수 있듯이 슈와는 강세 없이 나는 약한 모음 소리입니다. 모음 철자가 어떠하든 관계없이 그 모음에 강세가 없으면 그 모음은 슈와로 소리 난다고 보면 됩니다.

　　그럼 왜 이런 현상이 나타나는 걸까요? 대답은 동일합니다. 말할 때 조금이라도 힘을 덜 들이고 싶은 게 사람의 본성이니까요. 강세가 와서 힘을 주어 발음하는 모음 말고 나머지는 다 이렇게 슬쩍슬쩍 발음하고 넘어가는 거죠.

　　이런 식으로 강약이 반복되는 운율이 있는 것이 영어의 특징입니다. 모든 모음에 다 힘을 주어 또박또박 발음하면 영어 특유의 운율이 없어져서 전혀 영어답지 않게 됩니다. 우리가 영어를 그런 식으로 말한다면 영어를 모국어로 하는 사람들은 우리가 하는 말이 무슨 말인지 도통 알아듣지 못할 겁니다.

CHAPTER 16

영어의 음절

01 영어 음절은 정말 가지가지

사람은 말을 할 때, 모음을 중심에 두고 그 모음 앞뒤에 붙어 있는 자음 다발을 하나로 묶어서 말합니다. 즉 음절 단위로 발음하는 것이죠. 그런데 음절은 아주 간단할 수도 있고, 또는 매우 복잡할 수도 있습니다.

앞에서 잠깐 살폈듯이 영어의 음절 형태는 매우 다양합니다. 모음 하나만 있는 아주 간단한 음절도 있고, 모음 앞뒤로 자음이 두세 개씩 무더기로 붙어 있는 음절도 있습니다. 하지만 자음이 몇 개가 오든 말든 모음이 하나면 한 음절입니다.

영어의 음절을 이루는 자음과 모음의 조합 유형을 간단한 형태부터 정리했습니다.

유형	음절 구조	단어	발음기호
1	V	eye	[ai]
2	CV	me	[miː]
3	VC	own	[oun]
4	VCC	ask	[æsk / aːsk]

유형	음절 구조	단어	발음기호
5	CVC	back	[bæk]
6	CCV	sky	[skai]
7	CCCV	screw	[skruː]
8	CCVC	plot	[plɑt / plɔt]
9	CVCC	dance	[dæns / dɑːns]
10	CCVCC	spots	[spɑts / spɔts]
11	CCCVC	scream	[skriːm]
12	CCCVCC	striped	[straipt]
13	CCVCCC	stamps	[stæmps]
14	CCCVCCC	scrimped	[skrimpt]

C: Consonant(자음), V: Vowel(모음)

음절 유형이 14가지나 됩니다. 소리의 수도 1개에서 7개에 이르기까지, 일곱 배나 차이가 납니다. 자음 소리는 여러 개가 붙더라도 빠른 속도로 연이어 발음 됩니다. 모음이 와야만 공기 흐름이 자유로워지고, 또 유성음이기 때문에 음의 고저, 장단, 강약을 조절할 수 있습니다.

02 영어는 왜 빠르게 느껴질까?

영어의 음절 유형을 보면, 영어를 하는 사람들이 왜 말을 빠르게 하는 것처럼 느껴지는가를 이해하게 됩니다. 우리말은 모음에 자음이 붙어 봐야 앞뒤로 하나씩 붙는 게 전부입니다. 그런데 영어는 자음이 모음 앞뒤로 6개까지 붙습니다. 그러니 이런 단어를 발음할 때 어떻게 해야 할까요? 천천히 하려야 할 수가 없습니다. 느릿느릿 발음하다 보면 자음들 사이에 모음이 끼어들게 되니까요. 그러면 1음절 단어가 심하면 5음절 단어로 변해버릴 수가 있습니다.

이렇게 말이죠.

scrimped → 스크림프트

1음절 단어가 5음절 단어가 되었군요.

우리말은 모음에 자음이 하나씩만 옵니다. 따라서 3개가 연달아 오는 영어 자음들을 우리말로 표기하려면 자음 하나하나에 모음을 붙일 수밖에 없습니다. 그러니 5음절 단어로 변해 버린 겁니다.

그런데 이 단어를 우리말 표기 방식으로 발음하면 큰일 납니다. 영어를 하는 사람들이 전혀 알아들을 수 없는 기이한 단어로 변해 버리니까요. 영어는 어두 자음군을 발음할 때 자음 사이에 모음이 올 수 없도록 연속적으로 빠르게 발음해야 합니다. 모음 뒤에 오는 자음들도 마찬가지입니다.

모음 하나에 자음 하나씩 일대일로 붙여 말하는 우리네 귀에는, 자음들이 한 덩어리로 후다닥 발음되는 영어가 무척이나 정신없게 느껴집니다. 하지만 이런 특징을 알고 영어를 들으면 훨씬 쉽고 편하게 들립니다.

03 노래할 때 복잡한 음절이 연속된다면 정말 끔찍한 일!

복잡한 음절이 사람을 잡는 경우는 어느 때일까요? 바로 노래할 때입니다. 말할 때는 내가 속도를 임의로 조절할 수 있습니다. 하지만 노래할 때는, 음표의 길이에 맞추어 가사를 소리 내야 합니다. 그런데 8분음표에 소리가 7개나 되는 음절이 왔다고 상상해 보세요. 좀 끔찍하죠. 그 짧은 시간에 모음을 비롯해서 앞뒤의 자음들을 다 발음해야 하니 말입니다.

영어를 좀 한다고 해도 팝송 가사를 알아듣는 것이 만만치 않은 이유가 여기에 있습니다. 느릿느릿한 곡은 음표 길이가 기니까 그런대로 가사를 알아들을 수 있습니다. 하지만 빠른 노래는 장난이 아닙니다. 박자나 가락은 빠르죠. 그

빠른 가락에 맞춰 복잡한 음절의 가사를 쉴 새 없이 쏟아내니 이게 제대로 귀에 잡히겠어요? 하긴 빠른 가락에 복잡한 음절이 연이어 오니까 미국 사람들도 노래하기 버거워 하더군요.

04 사람이 말하는 속도를 재는 기준은 음절 수

영어를 모국어로 하는 사람들이 말하는 속도는 평균적으로 1분에 300음절이라고 합니다. 영어 말하는 속도를 단어 수를 기준으로 말하는데, 이건 좀 문제가 있습니다. 왜냐하면 영어 단어는 단음절 단어에서부터 5, 6음절, 아니 그보다 더 많은 음절의 단어에 이르기까지 길이가 매우 다양하기 때문입니다. 따라서 발화 속도를 말할 때는 단위 시간 동안 발화되는 단어 수가 아니라 음절 수를 기준으로 하는 것이 더 정확합니다.

물론 영어 음절도 유형이 여러 가지이지만 각 음절을 발음하는 데 걸리는 시간의 차이는 그리 크지 않습니다.

CHAPTER 17

영어 문장의 특징

01 우리말은 굴절어, 영어는 분석어

영어 문장의 가장 큰 특징은 굴절어에서 분석어로 바뀌었다는 것입니다. 굴절어는, 굴절屈折이라는 단어의 뜻과 같이 단어가 문장에서의 기능에 따라 굴절 즉, 꺾임 현상이 나타나는 언어를 말합니다. 대표적인 굴절어가 우리말입니다.

의사는 환자를 사랑해.

의사는 환자를 사랑했어.

보신 것처럼 '의사'라는 단어에 주어 기능의 꼬리 '~는'이 붙어서 '의사는'으로 굴절되어 문장의 주어가 되었습니다. 반대로 '환자'에는 목적어 기능의 '~를'이 붙어서 '사랑해'라는 동사의 목적어가 되었습니다. 동사 '사랑해'도 '~했어'가 붙으면 과거형이 됩니다.

이와 같이 단어의 몸통 뒤에 여러 형태로 굴절된 어미語尾가 붙어 문장에서의 기능이 정해집니다. 단어가 굴절되면 문장에서 그 단어의 기능이 정해지기 때문에 그 단어가 문장 어디에 와도 의미 전달에 문제가 없습니다.

의사는 환자를 사랑해.

의사는 사랑해 환자를.

사랑해 의사는 환자를.

순서가 서로 바뀌어도 누가 누구를 사랑하는지 헷갈리지 않습니다. 문장에서의 기능에 따라 단어들이 굴절되었기 때문입니다. 이처럼 우리말은 문장에 '의사'라는 단어만 달랑 올 수 없습니다. '의사'가 문장에서 하는 역할을 특정하는 굴절된 꼬리가 반드시 붙어야 합니다.

의사는: 주어 역할

의사를: 목적어 역할

그런데 영어는 다릅니다.

The doctor loves the patient.

The patient loves the doctor.

영어는 단어가 문장에서의 역할에 따라 변형되지 않습니다. 'the doctor', 'the patient', 형태 그대로 문장의 주어로도 오고, 목적어로도 오지요. 이런 언어를 분석分析어라고 합니다. 말 그대로 단어들이 잘게 나뉘어져서 즉, 분석되어서 굴절이 일어날 필요가 없거나, 굴절이 일어날 수 없는 정도가 되었다고 할 수 있습니다.

02 분석어의 특징 - 어순이 고정되다

단어가 굴절이 일어나지 않는 건 알겠는데, 그러면 의미는 어떻게 되는 건가요? 위의 문장을 다시 보겠습니다.

The doctor loves the patient.

The patient loves the doctor.

누가 누구를 사랑하는 건가요? 둘째 문장은 동사를 중심으로 명사의 위치를 서로 바꿔 놨습니다. 그랬더니 첫째 문장과는 전혀 다른 뜻이 되어 버렸습니다. 우리말하고는 영 다르군요.

여기에 분석어의 특징과 한계가 있습니다. 단어가 굴절되지 않고 문장 여기 저기에 쓰이는 건 좋은데, 단어의 굴절이 없다 보니 단어만 가지고는 문장에서의 역할을 알 수가 없습니다. 문장 중에 단어의 위치를 잘못 정했다가는 엄청난 오해를 살 수도 있습니다.

분석어의 이런 단점을 보완하기 위해 도입된 것이 바로 '어순 고정'이라는 원칙입니다. 영어는 단어가 문장에서 어디에 위치하느냐에 따라 그 단어의 역할이 정해집니다. 그러므로 영어는 어순이 고정된 언어라고 할 수 있습니다.

03 영어 어순 고정의 핵심은 '주어+동사+목적어'

어순이 고정된다는 말에, "아니, 영어 어순이 왜 고정됩니까? 도치되는 문장도 엄청 많은데." 라고 이의를 제기하실 수 있습니다. 맞습니다. 어순 변경이 영어에서도 당연히 발생하죠. 무엇을 강조하느냐에 따라 어순이 바뀌니까요. 세상에 도치가 불가능한 언어는 없습니다.

The doctor saw the singer in the hall yesterday.

In the hall the doctor saw the singer yesterday.

Yesterday the doctor saw the singer in the hall.

위의 세 문장 다 가능한 문장들이고, 세 문장 모두 같은 의미의 문장들입니다.

그러면 이 문장은 어떤가요?

The singer saw the doctor in the hall yesterday.

주어와 목적어의 순서가 바뀌니까 의미도 확 달라졌습니다. 그러므로 영어는 단어의 순서가 중요합니다. '주어+동사+목적어(or 서술어)'의 순서로 단어가 와야 합니다. 이 세 요소를 뺀 문장의 나머지 부분은 필요에 따라 순서를 바꿀 수 있습니다. 하지만 '주어+동사+목적어(or 서술어)'의 어순은 불변입니다. 이 순서가 바뀌면 전혀 다른 의미의 문장이 되거나, 아니면 뜻을 전혀 알 수 없는 문장이 되고 맙니다.

The doctor saw the singer in the hall yesterday.

→ The singer saw the doctor in the hall yesterday. (의미가 전혀 다름)

→ The doctor the singer saw in the hall yesterday. (의미를 알 수 없음)

→ Saw the doctor the singer in the hall yesterday. (의미를 알 수 없음)

→ Saw the singer the doctor in the hall yesterday. (의미를 알 수 없음)

04 우리말도 굴절이 없으면 어순이 고정되어야 한다

영어처럼 우리말도 굴절 꼬리를 생략할 수 있습니다.

나 의사 만났어.

'나'와 '의사' 다음에 굴절 꼬리를 안 붙였지만 '내가 의사를 만났다.'는 의미로 이해가 됩니다. 물론 이렇게 이해하려면 말하는 사람의 어조도 일조를 해야겠지요. '나'하고 '의사' 사이에 약간의 멈춤이 있어야 하고, '의사'와 '만났어'는 서로 연이어 말해야 할 겁니다. 어쨌든 굴절 꼬리를 안 붙이고도 의사소통이 가능하긴 하군요.

그러면 이 문장들은 어떤가요?

의사 나 만났어.

의사 만났어 나.

만났어 의사 나.

도대체 누가 누구를 만난 건가요?

'의사'와 '나'에 굴절 꼬리가 없다 보니, 어순이 바뀌었을 때 누가 누구를 만났는지 알 수 없게 되었습니다. 굴절 꼬리를 떼고 말하는 건 좋은데 의미가 모호해지는 불편함이 생겼습니다.

그럼 이를 해결할 방법은 무엇일까요? 어떤 순서로든지 어순이 고정되면 의미의 혼란을 막을 수 있습니다. 어떤 어순이 좋을는지는 세월이 가면 자연스럽게 정해지겠지요. 그러면 그 어순이 우리말의 문법이 되는 겁니다. 이처럼 굴절과 어순은 서로 밀접한 상관관계가 있습니다. 굴절이 있으면 어순을 무시해도 되고, 굴절이 없으면 어순을 고정시켜야 합니다.

영어는 굴절을 버리고 어순을 택했고, 우리말은 굴절이 있는 대신 어순은 그다지 신경 쓰지 않아도 됩니다.

05 영어는 굴절이 전혀 없다?

영어가 분석어라고 해서 단어의 굴절이 아예 없는 건 아닙니다. 영어를 분석어라고 하는 이유는 다른 굴절어들에 비해 굴절이 현저하게 적기 때문입니다. 중세 영어 시대를 거치면서 굴절 현상이 많이 사라지고 다양한 전치사들이 굴절기능을 대신하게 되었습니다. 거시적으로 보면 영어는 굴절어에서 분석어로 변하는 과정 중에 있다고 할 수 있습니다.

영어의 대표적인 굴절 중의 하나가 명사의 경우 단수–복수형의 변화입니다.

boy → boys

baby → babies

man → men

child → children

medium → media

형용사도 굴절이 있습니다. 원급–비교급–최상급의 변화입니다.

She is pretty.

She is prettier.

She is prettiest.

그럼 이것도 굴절인가요?

She is beautiful.

She is **more beautiful**.

She is **most beautiful**.

'more beautiful', 'most beautiful'은 굴절된 것이 아니라 새 단어가 추가된 것입니다.

'beautiful'은 이미 3음절 단어인데, 비교급이나 최상급으로 굴절되면 음절이 더 늘어나게 되죠. 그러면 발음이나 강세가 불편해집니다. 그래서 이런 경우에는 단어를 그대로 두고 비교 우위, 최고 우위를 뜻하는 more, most라는 별개의 단어를 앞에 오게 한 것입니다. 영어가 굴절어에서 분석어로 이행 중이라는 것이 느껴지는 대목입니다.

영어 동사도 굴절이 됩니다.

주어가 3인칭 단수일 때, 그리고 과거 시제일 때 굴절됩니다.

I love you.

We love you

She love**s** you.

He love**d** her.

You love**d** him.

진행형, 완료형으로도 굴절됩니다.

I'm swim**ming**. (진행형)

She has go**ne**. (완료형)

06 영어는 조동사의 활약이 종횡무진

영어 동사는 과거 시제로는 굴절이 되는데 미래 시제 굴절은 없습니다. 그렇다면 영어에서는 미래 시제를 어떻게 표현하나요? 여기에서 등장하는 것이 바로 조동사들입니다.

영어는 조동사들의 활약이 눈부십니다. 조동사를 써서 미래, 완료, 진행형 등의 시제를 나타낼 뿐 아니라 수동형, 의문문, 가정법, 정중한 어법 등을 표현합니다. 영어는 조동사를 그야말로 현란하게 사용하는 언어라고 할 수 있습니다.

조동사의 다양한 용도를 예문을 통해 확인할 수 있습니다.

I **will** meet you tomorrow.

She **has** finished the job.

He **is** doing his assignment.

The project **was** done by him.

I **do** love you.

Will you come with me?

Did you drive there?

Have you had lunch?

Was he taken to the hospital?

Would you do me a favor?

You **should** do it right now.

You **should've** done it yesterday.

John **would be** pleased if you did it yourself.

He **might have** seen you if you had been there.

PART 04.

영어를 일생의 친구로
만들어 가는 방법

CHAPTER **18**

조기 영어 교육 시 유념해야 할 점들

01 **우리 아이 모국어는 한국어, 영어는 그다음**

널리 퍼지는 조기 영어 교육의 추세에도 불구하고 우리 아이들은 우리말을 먼저 익히고 그다음에 영어를 배웁니다. 이건 어쩔 수 없는 것이, 우리 아이들은 세상에 나오기도 전에 엄마나 주변 사람들이 하는 우리말을 듣고, 세상에 나와서도 듣는 말은 엄마, 아빠가 하는 우리말입니다. 그러니 아이들은 자연히 우리말을 제1언어로 익힙니다.

하지만 아이가 한국에서 태어났더라도 우리말이 아닌 다른 언어 환경에 둘러싸인다면 결과는 달라집니다. 예를 들어 한국에 사는 미국인 부부가 한국에서 아이를 낳아 키울 경우 그 아이는 부모의 모국어인 영어를 제1언어로 익히게 될 겁니다. 태어난 곳은 한국이지만 그 아이의 언어 환경은 영어로 채워질 테니까요.

우리말을 하는 부모에게서 태어나 우리말을 하는 부모의 보살핌을 받으며 성장하는 우리 아이들의 모국어는 한국어입니다. 서너 살의 이른 나이부터 영어를 배운다 하더라도 영어는 제2언어 내지는 외국어로 다가올 수밖에 없습니다.

부모가 자녀의 영어 교육을 너무 서두르다 보면 부작용이 발생할 수 있습니다. 다음은 자녀가 어린 나이부터 영어를 배우게 한 엄마들 중 일부가 겪었던 일입니다.

여섯 살 난 영주 엄마는 영어를 유창하게 하는 영어 전문가다. 영주가 두 살 되던 해부터 영주 엄마는 다양한 영어 이야기책들을 구입해서 영주에게 읽어 주기 시작했다. 아이가 책 읽는 것을 지루해 하고 집중을 못 해도 '귀가 영어에 트이겠지' 하고 영어책 읽는 것을 꾸준히 해 왔다. 그러다 유치원에 들어갔는데, 유치원에서 또 영어 공부를 하게 되자, 영주는 영어에 대한 강한 거부감을 드러내기 시작했다. 영주는 엄마가 영어로 말을 하거나 책을 읽어 주면, "엄마, 한국말로 해!"라며 영어를 듣지 않으려 하고 우리말만을 고집했다.

좀 더 심각한 상황이 발생할 수도 있습니다.

세 살 난 정민이가 영어에 이상한 거부감을 나타내기 시작하자, 엄마가 걱정이 되어 정민이를 데리고 영어 교육 상담 센터를 찾았다. 상담하는 선생님이 영어 노래를 들려주자, 정민이는 갑자기 크게 소리를 지르고 귀를 막으며 무언가 무서운 것을 본 것처럼 "영어 꺼!"라고 외치며 울었다. 알고 보니 정민이 엄마는 정민이가 갓난아이였을 때부터 영어 노래를 틀어 주는 등 일방적인 영어 교육을 하면서 많은 스트레스를 주었던 것이다. 상담 선생님은 정민이 엄마에게 아이가 영어로 인해 많은 상처를 받고 있으므로 영어 교육을 당분간 중단하는 것이 좋겠다고 제안했다.

이 아이들은 '영어 거부감'을 강하게 드러내고 있습니다. 이 아이들에게 영어는 자기 의사를 제대로 표현하지 못하게 하는 훼방꾼입니다. 이해 안 되는 소리로 마음에 상처를 주고, 제대로 놀지도 못하게 합니다.

영어를 일찍 배우게 하자는 부모의 의도는 좋았으나, 정작 아이는 영어가 너무도 싫은 대상이 되어 버리고 말았습니다.

03 조기 영어 교육 시 엄마가 기억해야 할 점 두 가지

이런 부작용이 있기도 하지만, 부모들의 열성적인 노력으로 아이들이 영어를 배우는 시기가 점점 빨라지고 있습니다. 자녀가 서너 살 되었을 때부터 영어를 배우게 하는 경우가 많습니다. 이렇게 이른 나이부터 아이가 영어를 배우게 하고자 하신다면, 부모님이 염두에 두어야 할 점이 두 가지 있습니다.

하나는, 엄마가 아이의 **'결과에 조급해 하지 말라'**는 것이고,
또 다른 하나는, 아이가 **'영어를 좋아하게 하라'**는 것입니다.

어린아이는 어떤 대상이나 사물에 주의를 집중하는 시간이 짧습니다. 그리고 주변의 온갖 것들에 대한 호기심이 많아 주의가 산만합니다. 아이들의 이런 성향이 영어를 배울 때는 없어지나요? 아이가 그나마 영어를 하게 하려면, 영어 배움 활동을 아이에게 맞춰야 합니다. 아이가 대체 뭘 하는 건지 분간이 안 되죠. 그런데 그게 아이들의 배움 활동입니다. 따라서 엄마는 마음을 느긋하게 가져야 합니다. 이른 나이에 시작했으니까 영어를 익힐 시간은 충분합니다. 결과를 얻기 위해 너무 서두르지 않는 것이 좋습니다.

어린 나이부터 영어를 접하면서 얻을 수 있는 최고의 결실은, 아이가 영어를 좋아하게 되는 것입니다. 어린 나이에 형성된 영어에 대한 느낌과 정서가 차후 영어 공부에 막대한 영향을 미칩니다. 어린 나이에 이미 영어를 어려워하거나 싫어하는 마음이 자리 잡으면, 조기에 영어 교육을 시작한 보람이 하나도 없습니

다. 그러므로 부모는 아이가 보여 주는 결과보다는 영어를 정말로 좋아하고 즐기는가를 살펴야 합니다. 본인이 좋아서 자발적으로 하는 공부만큼 놀라운 결과를 만들어내는 건 세상에 없으니까요.

04 놀이와 영어 배움 활동을 잘 버무린다

우리는 아이가 태어나서 성장하고 발육하는 과정에 대해 지극히 상식적인 지식을 가지고 있습니다. 그리고 모든 부모들은 아이의 성장 과정에 맞추어 아이의 지능과 정서가 발달하도록 적절한 지원을 아끼지 않습니다. 영어도 마찬가지입니다. 아이의 성장 단계와 호기심에 영어 공부의 내용과 방법을 맞추면 됩니다.

아이가 서너 살 정도 되면 노는 데 정신이 없습니다. 서너 살 된 아이들이 노는 것을 보면, 모든 감각을 다 동원해서 놉니다. 장난감이나 인형과 같은 놀이 대상을 보고, 만지고, 온갖 상상을 하면서 역할 놀이하고, 냄새 맡고, 흉내 내고, 그리고 온 사방을 뛰어다니며 주위 사람들 정신을 쏙 빼놓지요. 영어도 이렇게 하면 됩니다. 영어 배움 활동을 아이의 노는 방식과 잘 버무리는 겁니다. 그러면 영어가 아이의 흥미를 끌 수 있습니다.

가장 좋은 방법은 아이가 영어를 감각으로 느끼게 해 주는 겁니다. 그림을 그리거나 노래와 율동을 하면서 영어를 하고, 요리 놀이를 하고 음식을 먹으면서 영어를 익히고, 친구들과 게임을 하거나 역할 놀이에 몰입하면서 영어를 배우게 하는 것이죠. 이런 방법들이 아이의 감각을 자극합니다. 이런 활동들에 열중하면서 아이는 선생님이 하는 간단하고 금방 이해되는 영어 표현들을 수없이 듣고, 저도 모르게 말합니다. 영어가 아이의 놀이 대상이 되고, 동시에 놀이에 창의적으로 사용되는 도구가 됩니다. 정형적인 교재가 없어도 아이는 모든 감각으로 영어를 배우고 익힙니다.

CHAPTER 19

엄마가 선택하는 우리 아이 영어 공부 방법

우리 아이가 유쾌하게 영어를 배우고 즐기게 해 주려면 두 가지가 필요합니다. 하나는 아이의 호기심과 흥미를 유발할 수 있는 교육 과정 또는 커리큘럼이 있어야 합니다. 또 하나는 그 커리큘럼을 바탕으로 아이와 생동감 넘치는 상호 활동을 하고 적절한 피드백을 주는 선생님이 있어야 합니다.

01 엄마의 선택 1 - 아이를 어딘가에 보낸다

주변에는 유아 영어 교육 전문 선생이 아이들의 감성을 자극하는 흥미 넘치는 프로그램을 운영한다고 광고하는 사설 영어 교육기관들이 많습니다. 전문 영어학원이나 영어유치원, 영어교습소 등 종류도 다양합니다. 아이의 조기 영어 교육을 위해 엄마가 택하는 방법 중의 하나가 바로 이러한 사설 교육기관에 아이를 맡기는 것입니다.

어느 기관에 아이를 보내든 엄마가 꼭 챙기셔야 할 것들이 있습니다. 그곳의 영어 교육 프로그램이나 커리큘럼이 내 아이와 맞는지, 그 과정을 운영하는 선생님은 자질과 전문성을 갖추고 있는지 확인하는 것입니다. 또 하나는, 같이 어울리는 친구들과의 관계에서 오는 어려움은 없는가도 챙기셔야 합니다.

엄마가 이런 점을 꼼꼼히 살피고 또 주변 엄마들로부터 요긴한 정보도 얻어서 어느 한 곳을 정해 아이를 보내게 되었다면, 일정 기간 지켜볼 필요가 있습니다. 그리고 자주 아이와 이야기하면서 아이의 반응을 살펴야 합니다. "오늘 뭐 배웠니?"라는 성과 중심적인 질문보다는 "오늘 선생님과 어떤 놀이했니?"처럼 활동 중심적인 질문으로 아이의 말문을 편하게 열어 주는 것이 좋습니다. 아이의 표정을 살피면서 긍정적인 물음 몇 개만 더 하셔도 아이가 과정을 즐기고 있는지 아니면 스트레스를 받고 있는지 파악할 수 있습니다.

이때 엄마가 유의할 점은 아이의 대답에 대한 엄마의 반응입니다. 아이의 대답이 처음에는 다소 실망스러울 수도 있습니다. 그렇더라도 우선은 아이를 격려하고 북돋아 줄 필요가 있습니다. 아이가 언제나 제가 좋아하는 것만 할 수는 없습니다. 아이가 좀 언짢아한다고 엄마가 바로 반응을 보이면, 아이는 엄마의 그런 반응을 이용해서 자기가 하고 싶지 않은 것에서 벗어나려고 꾀를 부릴 수도 있으니까요.

02 엄마의 선택 2 - 집에서 엄마표 영어를 운영한다

영어 교육 전문 기관은 많지만, 체계적인 커리큘럼과 유능한 교사를 구비한 역량 있는 사설 교육기관을 찾기란 쉽지 않습니다. 비용도 만만치 않습니다. 그래서 엄마들이 차선으로 선택하는 방법이 바로 적절한 영어 교재나 프로그램을 구입하고, 집에서 엄마가 직접 아이와 함께 배움 활동을 진행하는 것입니다.

시중에 유통되는 유아용 영어 교재들 대부분은 아동발달과정을 연구한 사람들이 개발한 프로그램들입니다. 따라서 학습 대상 아이의 연령에 적당한 수준과 학습량을 담고 있고, 다양한 흥미 활동과 놀이 도구들이 함께 공급됩니다. 어떤 브랜드의 제품을 선택하든 내용이나 방법상에 차이는 그다지 크지 않을 겁니다.

문제는 엄마가 빠질 수 있는 두 가지 함정을 조심하는 것입니다. 하나는 엄마 주도하에 일방통행식 활동이 되거나, 또 하나는 엄마가 제대로 이끌어 주지 못하는 것입니다. 엄마의 칭찬과 격려로 아이의 흥미와 성취감을 높여 주면서 배움 활동이 정기적으로 진행되어야 합니다. 하지만 현실은 아이와 교감이 원활치 못하거나, 엄마가 너무 바빠서 엄마표 프로그램 운영이 제대로 되지 못하는 경우가 많습니다.

엄마는 아이에게 영어를 '가르친다'가 아니라, 아이와 함께 '논다'고 생각해야 합니다. 아이의 수용 속도와 관심사에 맞추어 배움 활동의 양과 횟수를 융통성 있게 조절합니다. 그러면 아이는 저도 모르는 사이에 영어를 하나둘 배우고 즐기게 될 것입니다.

03 엄마의 선택 3 - 엄마표 영어+선생님의 도움

엄마표 프로그램, 막상 하려 들면 만만치 않습니다. 부모가 제 자식 가르치는 일처럼 어려운 일도 없습니다. 그래서 선택하는 제3의 길이 바로 엄마표 영어 프로그램을 구입해서 아이가 집에서 공부는 하되, 프로그램 공급 회사에서 교육받은 선생님이나 또 다른 전문 선생님의 도움을 받는 것입니다. 선생님이 정기적으로 집에 오거나, 아니면 정해진 장소에 아이가 가서 선생님과 놀이 활동도 하고 피드백도 받습니다.

이 제3의 선택이 부모나 아이에게 좋은 대안이 될 수 있습니다. 아이는 집에서 자기 페이스대로 배우고 선생님과 상호 활동도 할 수 있어서 좋고, 엄마는 아이를 전적으로 책임지는 부담을 덜 수 있어서 좋습니다. 그렇다고 엄마가 할 일이 없는 건 아닙니다. 엄마는 우선 아이가 집에서 하는 활동을 지원하고 도와줘야 합니다. 그리고 아이의 몰입도, 소요 시간, 선생님과의 상호 활동 내용과 피드백 등을 점검할 필요가 있습니다. 이런 활동들이 잘 진행되고 있고 아이가 즐겁게 하고 있다면, 이 방법이 성공적으로 운영되고 있는 것입니다.

엄마가 어떤 선택을 하든지 시간이 가다 보면, 아이가 재미없어 하거나 싫어하는 기색을 보일 수 있습니다. 아이의 싫어하는 태도가 완연하다면 강제로 계속하게 하지 말고 잠시 쉬게 하는 것도 현명한 선택일 수 있습니다. 한두 달 쉰 다음 아이와 얘기를 나누면서 아이가 자발적으로 다시 시작하도록 격려해 줄 수 있습니다.

그래도 싫어하는 태도가 완강하다면 아이가 싫어하게 된 원인을 명확하게 파악하고, 그 점이 보완된 배움 과정을 찾아야 합니다. 중요한 것은 아이가 영어를 좋아하게 하는 것입니다. 부모가 할 일은 욕심내지 않는 것, 다른 아이와 비교하지 않는 것, 그리고 참을성 있게 기다려 주는 것입니다.

04 엄마가 아이를 지원할 수 있는 부면은 많다

엄마가 아이의 든든한 지원자 역할을 하는 사례 몇 가지를 소개합니다.

지윤이는 현재 여섯 살인데 영어유치원에 다니거나 해외에 나가 본 적이 없다. 대신 엄마가 집에서 영어 환경을 만들어 주려고 많이 노력하는 편이다. 엄마는 아이가 좋아하고 관심 있어 하는 주제의 영어 동화책이나 비디오 등을 자주 보여 주었다. 지윤이가 노래하고 춤추는 것을 좋아하고 소꿉놀이나 인형놀이를 즐겨서, 가능한 한 이런 활동을 영어로 할 수 있도록 영어 노래를 자주 틀어 주고, 종이인형을 만들어 역할 놀이를 하면서 영어를 익히게 도왔다.

민서, 민아 엄마는 직장을 다니며 아이 둘을 키우느라 눈코 뜰 새 없이 바쁘다. 그래서 아이들이 베이비시터와 함께 있을 때 시간을 정해 좋아하는 영어 만화 비디오를 보게 해 준다고 한다. 그리고 주말이면 엄마와 함께 비디오를 다시 보면서 내용을 이야기하고, 들리는 단어나 문장들을 말해 보는 시간을 갖는다. 민서와 민아는 이런 식으로 비디오를 통해 영어 환경에 노출되면서 자연스럽게 영어에 귀가 틔고 발음도 좋아졌다.

수영이는 초등학교 2학년이 되었는데 아직 알파벳을 모른다. 수영이는 영어나 다른 과목들에 대해서는 흥미를 보이지 않았지만 미술은 무척 좋아했다. 만화를 그리며 온갖 스토리를 만들어내는 수영이는 그림 재주만큼은 타고난 듯했다. 엄마는 수영이가 미술을 통해 영어를 배우게 하면 어떨까 하고 수영이와 함께 영어 그림책을 만들기 시작했다. 그 효과는 대단했다. 수영이는 영어 단어를 배울 때마다 그것을 그림으로 그리고, 연관된 이야기도 그 옆에 써 가는 것이었다. 수영이는 스스로 이런 활동을 하면서 그림 실력에 더해 읽기와 쓰기 능력이 같이 늘기 시작했다. 특히 자신이 만든 책의 내용은 거의 외우다시피 했다.

올해 일곱 살 된 경주는 축구를 제일 좋아하고, 노래, 춤 등에 소질이 있다. 경주 엄마는 신나는 영어 노래 CD를 사서 경주에게 들려주었다. 워낙 음악을 좋아해서 경주는 곧잘 따라하며 리듬에 맞추어 몸을 흔들고 춤도 잘 췄다. 춤추고 노래하는 모습을 비디오로 녹화해 컴퓨터 화면으로 보여 주었더니 경주가 무척 좋아했다. 그 이후 경주는 엄마와 함께 동영상 만들기 프로젝트에 돌입했고 자기 영어 노래도 녹음했다.

예지 엄마는 냉장고에 있는 야채들을 꺼낼 때 예지에게 "이게 영어로 뭘까?"라고 물으며 'potato, carrot, mushroom' 같은 단어들을 익히게 한다. 예지가 옷을 입을 때는 'Put on your pants', 'Put on your hat'과 같은 간단한 문장을 연습시켜 보기도 한다. 그리고 재미있는 이야기가 담긴 영어 이야기책을 아이와 함께 읽는다. 읽

다가 모르는 것이 있으면 예지와 함께 사전을 찾아보기도 하며 예지 엄마는 영어
익히는 재미에 푹 빠져 있다.

아이에게 영어 환경을 만들어 주고 흥미로운 영어 경험을 하게 해 주는 것이
그리 어려운 일은 아닙니다. 위의 사례들처럼 아이와 함께 영어 이야기책을 읽거
나 비디오를 볼 수도 있습니다. 영어 노래를 같이 불러 보거나, 주변 사물을 대
할 때 '이건 영어로 어떻게 말할까?'하고 아이의 호기심을 자극할 수도 있습니다.
엄마가 영어를 잘 못한다고 소극적이 되면 안 됩니다. 차제에 '엄마도 너와 함
께 영어를 배울 거야'라고 선언하고 아이와 함께 영어 탐구 활동을 하시면 됩니다.
엄마는 적극적인데 아이가 따라와 주지 않는 경우도 있을 수 있습니다. 이럴 때
황당해 하거나 짜증내지 마시고 다른 방법과 기회를 찾아보세요. 아이가 영 시큰
둥해 할 때는 잠시 쉬어 가는 것도 전략입니다. 아직 시간이 많이 있으니까요.

참고로, 조기 영어 교육의 부정적 사례를 포함한 모든 사례들은 유아 영어
교육 분야에서 활동하고 있는 전문 교사를 통해 수집한 사례들입니다. 그 분의
동의를 얻어 소개하는 바이며, 당사자들의 사생활 보호를 위해 이름을 바꾸었
음을 알려드립니다.

CHAPTER**20**

아이가 영어를 배워 가는 과정

01   **말소리에 대한 인식은 교육해야 형성된다**

아이들이 말을 배우고 익히는 것은 타고난 능력입니다. 그래서 아이들은 말을 합니다. 사실 말을 잘하죠. 아니, 잘하는 정도가 아니라 '저 나이에 어쩜 저런 말을 다하지?'하고 놀랄 정도입니다. 하지만 사람이 말을 하는 것과 말소리에 대한 의식이나 개념을 형성하는 것은 별개입니다.

말소리에 대한 인식은 의도적으로 배양되어야 형성됩니다. 말소리에 대해 깨우치는 것을 음소인식音素認識이라고 합니다. 음소인식이란, 사람은 말할 때 특정한 소리들을 내며, 그 소리들은 각각 고유한 속성이 있고, 사람이 내는 다른 잡다한 소리들과 구분된다는 것을 알아가는 것입니다.

아이, 어른 막론하고 음소인식이 없어도 듣고 말하는 데는 전혀 문제가 없습니다. 하지만 음소인식이 없으면 문제가 하나 생깁니다. 그렇죠, 글을 배우는 데 문제가 생깁니다. 우리글과 영어의 글은 모두 말소리(음소)를 부호로 바꾸어 기록하는 표음문자 체계이기 때문에 음소에 대한 인식이 없으면 글을 깨우칠 수 없습니다. 말소리에 대하여 알아야 하는 이유가 바로 여기에 있습니다.

어머니들이 매우 부지런하셔서 요즘 아이들은 유치원도 가기 전에 이미 우리말 소리와 철자의 관계를 다 배워 알고 있습니다. 그래서 유치원 갈 나이쯤이면 이미 간단한 우리글을 별 어려움 없이 읽을 수 있는 정도가 되어 있습니다.

02 영어 자음 소리를 분별할 수 있게 돕는다

서너 살부터 영어를 시작했다면 처음에는 영어를 소리로 배우고 즐깁니다. 아이의 수준에 맞게 온갖 놀이를 하며 영어를 듣고 따라하고 말하면서 2~3년 잘 보냈습니다. 이제 아이가 어느덧 여섯 살이 되었군요. 지금부터는 영어의 음소인식을 형성시켜 주어야 할 때입니다. 영어를 말할 때 내는 소리들에 주의를 환기시켜, 영어 소리들을 구별하고 이해하는 활동을 시작하는 겁니다.

음소 중에서 자음은 음가가 분명하고 구별이 쉽기 때문에 자음을 구별하는 활동부터 시작합니다. 하지만 영어 자음을 모두 익히고 구별하게 하는 것은 좀 이릅니다. 영어 자음에는 발음이나 구별이 어려운 것들도 있으니까요. 그런 자음들은 나중으로 미루고 우선 구별하기 쉬운 소리부터 시작합니다. 우리말과 영어에서 함께 쓰이는 소리부터 시작하면 아주 좋습니다. cat과 bat의 첫소리는 우리말에도 있는 자음입니다. 아이들이 구별하기 매우 쉽죠.

본래 단어의 첫소리가 가장 구별하기 쉽습니다. 발화를 시작할 때 제일 먼저 내는 소리이기 때문에 소리가 분명합니다. 그동안 영어랑 놀면서 익숙해진 어휘들을 이용해서 단어들의 첫소리를 명확하게 깨우치고 다른 소리들과 구별할 수 있도록 가르칩니다.

다음으로 단어 끝소리 자음도 구별할 수 있게 훈련합니다. 이때 유의할 점은 우리말이나 영어 모두, 단어의 끝소리는 구별이 쉽지 않다는 점입니다. 단어 끝소리는 제대로 발음되지 않는 경우가 많기 때문입니다. 그러므로 끝소리를 구별하는 활동은 발음 차이가 분명한 끝소리로 한정하는 것이 좋습니다. 예를 들면,

cat과 can의 끝소리는 구별하기 쉽습니다.

많은 설명이 필요 없습니다. 그저 아이들이 단어를 정확하게 말하도록 격려하면서 소리의 차이를 스스로 체득하게 하면 됩니다.

03 영어 모음 소리도 구별하게 도와준다

다음은 모음 소리입니다. 모음은 자음에 비해 음가를 이해하기 어려울 수 있습니다. 모음은 공기가 방해받지 않고 나는 소리어서 구체적인 느낌을 갖기가 쉽지 않기 때문입니다. 하지만 이건 이론적인 얘기이고, 아이들은 모음 소리를 제대로 내고, 다른 모음과 구별할 수 있으면 됩니다. 아이가 pan과 pin을 알고 있다면, 이 단어들을 이용해서 두 모음을 구별하게 도울 수 있습니다.

영어의 모음 소리는 많지만 모음을 나타내는 영어 철자는 a, e, i, o, u 다섯 개입니다. 그러므로 우선 이 다섯 개의 모음 철자가 나타내는 짧은 소리부터 시작하는 것이 좋습니다. 장모음이나 이중모음들은 차차 가르치면 됩니다.

아이가 영어 음소를 깨우쳐 가는 과정은 어렵고 시간이 많이 걸릴 수 있습니다. 그러므로 서둘지 말고 천천히, 하지만 분명하고 체계적인 영어 음소인식 교육을 진행하여야 합니다. 구체적인 형상을 지닌 물체나 명확한 행동을 나타내는 간단한 단어들을 사용하는 것이 좋습니다. 이런 단어들은 쉬운 단어들이라 아이의 관심을 소리로 넓혀 가기 좋습니다. 단어 그림 카드를 사용하면 효과 만점입니다. 다양한 게임을 하면서 소리를 분별할 수 있으니까요.

04 영어 소리가 글자로 표시된다는 것을 알게 한다

영어 소리에 대해 일깨워 주면서, 동시에 그 영어 소리들이 글자로도 표시된다는 것을 가르쳐 줍니다. 영어의 말과 글과의 관계를 알려 주는 겁니다. 영어의 문자 체계는 누가 뭐라 해도 소리를 문자로 옮기는 표음문자 체계입니다. 그러므로 아이들은 글로 표기된 단어나 문장들이 영어 말소리를 그대로 적어 놓은 것이라는 점을 알아야 합니다.

먼저 영어 알파벳과 발음이 착착 맞아 떨어지는 단어부터 시작합니다. 이런 단어들을 사용해서 알파벳이 특정한 소리를 나타낸다는 사실을 아이가 충분히 납득하게 합니다. 계속하다 보면, 알파벳을 보는 즉시 알파벳의 소리를 저도 모르게 말하게 됩니다. 아이가 알파벳을 그림이 아니라 그 알파벳이 나타내는 소리로 자동 인식하게 된 것입니다.

영어의 말과 글의 관계를 이해하는 것이 생각처럼 쉽지 않습니다. 사실 좀 어렵죠. 그러므로 아주 어린 나이에 알파벳을 익히게 하는 것은 아이에게 큰 부담이 될 수 있습니다. 서너 살 때부터 영어를 배우게 한다면 우선은 영어를 소리로 즐기게 하고, 여섯 살 정도 되면 말과 글의 관계를 이해하도록 차근차근 이끌어 줍니다.

05 아이가 문자를 인식해 가는 과정

아이가 문자를 인식해 가는 과정은 다음과 같습니다.

1) 문자를 그림으로 인식하는 단계
영어 알파벳이든 우리말 철자든 글자를 그림으로 인식합니다. 철자가 특정한 소리를 나타내는 부호라는 인식이 없는 단계입니다.

2) 초기 문자인식 단계

우리말이나 영어의 알파벳이 말소리를 나타낸다는 인식이 생기기 시작합니다. 알파벳을 소리를 나타내는 부호로 인식하게 되는 과정입니다.

3) 성숙한 문자인식 단계

문자와 소리와의 관계에 대한 인식이 심화·발전합니다. 알파벳을 보면 그 철자가 표상하는 소리를 자연스레 발화합니다.

이와 같은 단계로 아이가 소리와 철자와의 관계를 알아간다는 점을 숙지하고, 단계적으로 영어의 말과 글의 관계를 배우도록 돕습니다.

06 알파벳의 모양과 이름을 확실하게 익힌다

알파벳의 모양과 이름을 아이에게 분명하게 가르치는 것이 중요합니다. 영어 알파벳은 대문자와 소문자가 있고 모양도 서로 비슷한 것들이 있어서, 처음에는 아이들이 많이 혼란스러워 합니다. 따라서 시간을 들여 꾸준히 영어 철자의 모양과 이름을 익혀야 합니다. 영어 알파벳의 이름을 아는 것은 매우 중요합니다. 왜냐하면 H와 W를 빼고는 모든 알파벳 이름에 그 철자가 대표하는 소리가 나타나 있으니까요.

알파벳의 모양과 이름을 아는 것은 소리의 닻을 내리는 것에 비할 수 있습니다. 배가 바닷속에 닻을 내리고 있으면 풍랑이나 파도가 밀려와도 배가 휩쓸려가지 않습니다. 영어에서도 곧 소리의 풍랑이 아이에게 밀려올 것이기 때문에, 이에 대비하기 위해서 알파벳 이름을 명확하게 각인시켜 주어야 합니다.

영어 음소는 40개가 넘는데 알파벳 숫자는 26개입니다. 그러다 보니 소리 표기를 위한 여러 편법이 동원됩니다. 철자 둘 또는 세 개가 한 세트로 묶여 별개의 소리를 나타냅니다. 그리고 하나의 철자도 단어에서의 위치에 따라 다른 소리가 나거나, 아예 제소리가 없어지기도 합니다. 소리의 풍랑이 밀려오는 것이죠.

이런 것들을 배워 가면서 아이들은 영어 소리와 철자와의 관계에 대해 어지럼증을 느끼고 멀미를 하게 될 수 있습니다. 잘 대처하지 못하면 아이에게 영어는 울렁증을 일으키는 기피 과목이 됩니다. 이런 상황에 미리 대비하려면 기본을 확실하게 잡아 놔야 합니다. 기본이 제대로 되어 있으면 변칙과 예외 상황에 쉽게 대처할 수 있습니다.

그런데 요즘 아이들은 알파벳을 배우고 익히는 데 충분한 시간을 보내는 것 같지 않습니다. 그리 좋은 현상이 아닙니다. 아이가 영어 철자의 모양과 이름을 확실하게 알고 기억하는 것이 영어 배움의 기초입니다. 영어의 말과 글의 관계를 이해하고 적용하는 출발점이기 때문입니다.

07 알파벳을 익히려면 충분한 시간이 필요하다

영어 알파벳을 익히는 것이 중요하다고 일 년 내내 알파벳만 가지고 씨름하면 이것 또한 아이를 짜증나게 할 수 있습니다. 여기에서 선생님의 실력과 노련함이 발휘되어야 합니다. 선생님이나 엄마의 융통성과 재치, 그리고 다양한 방식의 알파벳 배움 활동이 필요합니다.

또한 알파벳을 제대로 익히는 것이 매우 중요하다는 점에 부모님이 공감하셔야 합니다. 알파벳 공부가 좀 오래가거나 주기적으로 재방송되면, '도대체 우리 아이 영어 진도는 왜 이렇게 느린 거지?' 하며 조바심을 낼 수 있기 때문입니다. 그러다 보면 선생님은 어머니 눈치를 보면서 대충 끝내고 다음으로 진행합니다. 부실한 기초 위에 영어 집을 세워 가는 사례가 될 수 있습니다. 기초를 단단히 놓으려면 시간이 걸린다는 점을 유념해야 합니다.

08 읽기는 왼쪽에서 오른쪽으로

아이들은 우리글을 배우면서 글은 왼쪽에서 오른쪽으로 읽는다는 것을 알게 됩니다. 그리고 영어도 당연히 왼쪽에서 오른쪽으로 읽는 거라고 생각하지요. 하지만 아이가 영어를 정말로 왼쪽에서 오른쪽으로 읽고 있나요?

영어 단어는 받침이 없이 철자를 옆으로 나란히 늘어놓는 형태입니다. 어린 아이들이 초기에 접하는 단어들 중에는 왼쪽에서 오른쪽으로 읽으나, 오른쪽에서 왼쪽으로 읽으나 상관없이 영어 단어가 되는 경우들이 있습니다. 이럴 때 아이들은 단어를 어느 방향으로 읽어야 하는지 순간 헷갈릴 수 있습니다.

한 아이의 아버지가 아이에게 영어 단어들을 읽어 주고 나서, 아이 스스로 읽어 보도록 했는데요. 의외로 아이가 단어 읽는 걸 힘들어 하더랍니다. 그러더니 'saw'(see의 과거형)라는 단어를 보더니 'was'로 읽더랍니다. 'saw'보다 'was'가 눈에 더 친숙하게 들어왔던 거죠. 이 아이에게는 단어를 읽는 방향보다 눈에 들어오는 시각적인 이미지가 더 영향을 준 것입니다. 그러다 보니 영어를 읽는 방향 감각이 흔들리면서 단어를 읽는 게 매우 어려워진 것이죠.

어른에게는 너무도 당연한 것들이 아이에게는 완전히 새로운 것입니다. 그러므로 아이가 단어를 배울 때, 특히 좌우 어느 쪽으로 읽어도 단어가 되는 경우, 왼쪽에서 오른쪽으로 알파벳을 표음화하며 제대로 읽어 가는지 확인할 필요가 있습니다.

09 소리와 철자의 상관관계를 익히는 학습 - 파닉스

영어를 배우는 과정 초기에 영어 소리와 철자와의 상관관계를 체계적이고 명확하게 알게 되면 아이는 영어를 잘 읽고, 잘 말할 수 있습니다. 우선 쉬운 자음들과 몇 개의 모음으로 시작하여 영어의 소리들을 하나하나 분명하게 익힙니다. 그리고 영어 소리와 철자와의 관계를, 단어들을 통해 직접 배우고 숙달해 갑니다. 아이는 단어와 문장을 정확하고 유창하게 읽고, 말할 수 있게 됩니다.

영어 소리와 철자와의 관계를 학습하면서 어휘력과 읽기, 말하기 능력을 향상시켜 가는 학습을 '파닉스(phonics) 학습'이라고 합니다. 한국에서는 1990년대 초에 '윤선생'이 처음으로 도입하여 보급했습니다. 파닉스 학습을 계기로 한국의 영어 교육은 말과 글이 균형을 잡아 가는 방향으로 변화하게 되었습니다.

10 영어의 말과 글의 상관관계는 얼마나 규칙적인가?

그러면 영어의 철자 방식은 얼마나 일관성 있게 영어 소리를 표기하고 있을까요?

미국에서 최초로 영어 철자의 규칙성에 대하여 철저하게 분석한 학자들이 있었습니다. 이들은 미국 교육부로부터 위탁을 받아 연구에 착수했습니다.

이 팀은 영어 인쇄물에서 가장 흔히 쓰이는 단어 17,000개를 선택하여 컴퓨터로 소리와 철자와의 관계를 분석했습니다. 영어 소리를 52개의 음소로 구분하고, 음소에 따라 단어에 코드를 매겼습니다. 그리고는 각 음소가 단어에서 어떤 철자 패턴으로 표기되는지 검색하여 열거하도록 컴퓨터에 지시했습니다. 이 지시에 따라 컴퓨터가 17,000개의 단어를 분석한 결과, 52개의 음소를 철자하는 방식이 단어에서의 위치에 따라 약 170여 개가 된다는 것을 확인했습니다.

분석 결과를 좀 더 자세히 소개하면, 적어도 20개의 음소가 90% 예측할 수 있는 철자 방식을 가지고 있고, 10개의 음소는 80% 이상의 예측성을 가지고 있음이 확인되었습니다. 모음과 자음의 규칙성을 비교해 보면 모음 철자가 자음 철자보다 규칙성이 떨어졌습니다. 52개의 음소 중 단지 8개의 음소가 78%보다 낮은 예측성을 가지고 있었고, 그 8개 중 5개의 음소가 모음이었습니다.

이 학자들은 소리에 따른 철자 방식을 분류한 다음에 반대 방향으로도 실험을 했습니다. 음소들을 어떤 특정한 순서로 정렬하여 들려주면, 그 소리와 일치하는 단어를 제시하도록 컴퓨터에 주문했던 겁니다. 예를 들면, [kot]라는 순서로 영어의 세 음소가 배열되어 발음되면 컴퓨터는 이 소리에 해당되는 단어를 보여 주는 방식이죠. 이때 컴퓨터는 'coat'라는 단어를 생성하게 됩니다. 컴퓨터에는 음소 [k]다음에 음소 [o]가 오면 대부분의 경우 [k]는 c로 철자되며, [o] 다음에 [t]가 오면 [o]가 대개의 경우 'oa'로 철자된다는 것이 분석되었기 때문에, [kot]라는 순서로 음소를 발음하면 컴퓨터는 coat라는 단어를 보여 주는 것이죠.

이런 식으로 분석을 해 보니까 영어 단어의 50%가 실수 없이 철자되었고, 36%는 음소와 철자의 상관관계만을 기초로 할 경우 단지 한 번의 실수가 나타났다는 것을 발견했습니다. 17,000단어 중 14%만이 음소와 철자와의 관계만을 기초로 한 경우, 2번 또는 그 이상의 불규칙성이 있음을 발견했습니다.

하지만 이 실수도 들여다 보니, 대부분의 경우 사람이 그 단어의 기원과 의미를 알고 있다면 피할 수 있는 실수였습니다. 분석에 사용된 컴퓨터에는 단어의 어원과 의미에 관한 정보는 입력되지 않았고, 순전히 소리와 철자의 상관관계 유형에만 근거하여 분석하도록 프로그램 되었습니다.

이 분석 결과를 요약하면 다음과 같습니다.

- 약 50%의 영어 단어가 소리와 철자의 관계만으로 컴퓨터에 의해서 정확하게 철자되었다.
- 약 36%의 단어가 한 번의 철자 실수가 있었다.
- 약 10%의 단어가 단어의 의미, 기원, 그리고 형태적 특징을 추가하면 정확하게 철자되었다.
- 약 4% 이하의 단어가 진짜로 불규칙한 철자 체계를 가지고 있었다.

분석에 착수한 학자들은 Venezky, Hanna, Hanna, Hodges, Rudorf였으며, Venezky가 분석 결과에 대한 종합 보고서를 1967년에 발표했습니다.

이 분석 연구를 통해서 내릴 수 있는 결론은,

영어의 철자 방식은 예측할 수 있으며, 법칙에 지배를 받는 철자 방식이라는 것입니다.

그러므로 영어를 배울 때 학습자는 소리의 철자 유형을 찾고, 익히도록 도움을 받아야 합니다. 영어 음소의 철자 방식은 단어에서의 위치, 음절의 강세 여부, 앞뒤에 오는 음소들, 좀 더 나아가면 단어의 기원, 의미를 담고 있는 부분의 구조 등에 의해 영향을 받는다는 점을 이해하고 확인해 가면서 학습해야 합니다. 영어 단어를 아무 생각 없이 무조건 외우는 것은 효과적이지 못하고 힘만 많이 듭니다.

11 파닉스는 단어를 통해 직접적으로 배워간다

다음의 설명을 읽어 보시죠.

"모음 철자가 단어의 끝에 오면, 그 철자는 대부분 긴소리로 발음된다."

"철자 w는 때때로 모음으로 쓰이고 모음 이중자 법칙을 따른다."

영어 단어의 발음 유형과 철자 방식을 우리말로 풀어쓴 것입니다. 쉬운 건데도 말로 설명하니까 이해하기 어렵게 느껴집니다. 그러므로 영어 발음과 철자와의 관계를 가르칠 때, 우리말로 장황하게 설명하면 아이들 정신만 어지럽게 만들수 있습니다. 그러므로 아이가 직접 단어를 보고, 듣고, 따라하고, 읽어 가면서 스스로 터득하도록 지원하는 것이 좋습니다.

다음 단어들을 읽어 보세요.

me

he

she

we

be

go

so

no

이 단어들이 공유하는 발음 유형과 철자 방식은 무엇일까요?

"모음 철자가 단어의 끝에 오면, 그 철자는 대부분 긴소리로 발음된다."입니다.

단어의 철자 방식을 구별하여 정확하고 유창하게 읽고, 의미 파악을 신속하게 하는 것이 파닉스 학습의 핵심입니다. 영어 단어들을 직접 읽어 가면서 스스로 직관적으로 이해하도록 도와주면, 아이들은 영어 단어들의 철자 패턴에 대한 통찰력을 이내 갖게 될 것입니다.

12 단어의 철자를 덩어리로 파악한다

다음의 단어를 읽어 보세요.

ekuterncbl

retuckable

어느 단어가 읽기 쉽죠?

두 단어 모두 같은 철자를 사용하고 있지만 나중 단어가 앞의 단어보다 읽기가 더 쉽습니다. 왜 그럴까요? 그렇죠, 뒤의 단어는 영어의 일반적인 철자 패턴을 가지고 있는데 비해 앞 단어는 철자 조합이 낯설기 때문입니다.

제3부에서 살폈듯이, 영어의 소리와 이를 표기하는 철자들은 일정한 경향을 가지고 묶입니다. 이 철자 묶음의 경향들을 익숙하게 알고 있으면 단어가 눈에 쏙쏙 들어오고 발음하기도 쉬워집니다. 그러므로 영어 읽기 속도는 단어의 철자들을 묶음으로 파악하는 능력이 절대적인 영향을 미칩니다.

쉬운 예를 들면, 영어 철자 패턴에 익숙한 사람은 단어 속에 'th'가 오면 이를 t, h, 이렇게 따로따로 인식하지 않고 한 덩어리로 인식합니다. 영어 단어에서는 매우 빈번하게 t 다음에 h가 오고, 'th'가 묶여서 하나의 음소를 나타낸다는 것을 알고 있기 때문입니다. 너무도 흔히 쓰이는 철자 조합이라 자동적으로 한 묶음으로 인식합니다.

조금 더 숙달되면 다른 철자 패턴들, 예를 들면 -kle, pre-, -ing과 같은 유형들도 즉각적으로 인식합니다. 영어를 배우다 보면 이러한 철자 조합들을 수없이 만나기 때문입니다.

13 우리는 단어를 어떻게 기억하는가

우리는 단어를 외울 때 가능한 한 이미 알고 있는 단어들과 연관 지어 외우려고 합니다. 같은 부류의 단어들을 서로 하나의 네트워크로 엮어 기억하는 것이 효과적이기 때문입니다. 단어들을 하나의 망으로 엮어 가는 방법 중의 하나는 단어들을 철자 패턴에 따라 묶는 것입니다. 일정한 철자 조합 방식이 단어 연결망의 고리 역할을 하는 것이죠.

예를 들어 발음이 같은 세 단어 site, cite, sight를 살펴보죠.

'사이트'라는 영어 발음을 듣고,

1) site라는 단어를 보면,

site는 situation과 연관성이 있고, '장소'라는 뜻과 관련이 있을 거라고 생각합니다.

2) cite라는 단어를 보면,

citation이 연상되고, '말하기'와 관련이 있을 거라고 예상합니다.

3) sight라는 단어를 보면,

'시각적 감각'과 관련이 있는 단어 군이 떠오릅니다.

이런 식으로 한 단어의 철자 패턴은 그와 유사한 형태의 단어들을 연상하도록 우리의 뇌를 자극한다는 겁니다.

아마도 여러분 중에는 '그건 영어를 모국어로 하는 사람들이나 할 수 있지, 우리 같이 외국어로 영어를 배우는 사람이 그 정도 되면 영어 다 배운 거나 마찬가지 아닌가'라고 생각할지 모릅니다. 그런데 문제는 우리도 영어 단어들을 이런 식으로 뇌에 입력시켜야 한다는 점입니다. 우리 뇌는 그렇게 해 주기를 바라고, 그럴 준비가 되어 있습니다.

영어 단어들을 실용적이고 효과적으로 뇌에 입력할 수 있는 방법이 있는데도 이를 사용하지 않거나, 못하는 것은 너무 안타까운 일입니다.

예를 하나 더 들어 볼까요?

'audi'라는 철자 조합을 가지고 있는 단어를 보면,

auditory

auditorium

audit

audio

audition

audience

audible

inaudible

이런 일군의 단어들이 쉽게 떠오를 수 있습니다. 왜 이렇게 되는 걸까요?

왜냐하면 위의 단어들은 동일한 의미의 어근 'audi'라는 철자 조합을 가지고 있고, 우리 눈에 익숙한 접두사와 접미사들이 붙어 있기 때문입니다.

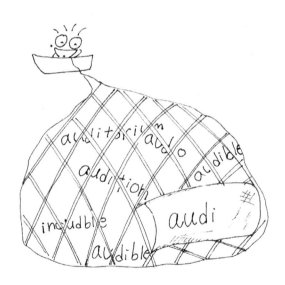

14 영어 단어의 음과 훈의 패턴을 활용한다

영어가 이렇게 된 이유는 앞에서 살폈듯이 라틴어나 희랍어 등 외국어에서 많은 단어들을 가져왔기 때문입니다. 그래서 어원에 따른 일정한 철자 패턴이 만들어지게 된 것이죠. 이 철자 형태와 발음이 결합되어 단어의 뿌리가 되고, 이 뿌리에 여러 접두사 또는 접미사들이 앞뒤로 붙어 부가적인 의미와 기능들을 가진 단어들의 집단이 만들어집니다.

그러므로 단어를 익힐 때, 단어가 가진 철자 패턴의 의미와 발음을 중심으로 단어망을 만들어 가면서 외우는 습관을 들여야 합니다. 그러기 위해 우선 초급 단계의 학생들은 하나의 어근 철자 조합을 익힌 다음, 여기서 가지 쳐 나온 단어들 한두 개 정도를 묶어서 외웁니다. 이때 너무 욕심을 부리면 안 됩니다. 하나의 어근에서 갈라져 나온 단어들이 매우 많을 수 있는데, 처음부터 이를 몽땅 외우려고 하면 과부하가 걸려 역작용이 날 수 있습니다.

아이가 접한 단어가 동사라면, 우선 그 단어의 명사형과 형용사형 정도를 함께 익히게 하는 것이 부담도 적도 아이도 좋아합니다. 이런 식으로 단어 그물을 만들어 가는 요령을 익히게 되면, 나도 모르게 어휘 수가 부쩍 늘고, 모르는 단어가 나와도 그 단어의 어근, 접두사, 접미사 등을 구별해내면서 의미를 유추할 수 있고, 발음도 쉽게 할 수 있습니다. 이런 활동이 가능한 이유는 영어 철자 조합이 음과 훈을 동시에 담고 있기 때문입니다.

15 디코딩(decoding)과 인코딩(encoding)은 무슨 뜻?

책에 인쇄된 단어들은 우리가 말하는 소리를 알파벳 철자로 옮겨 놓은 것입니다. 알파벳 철자들은 소리를 나타내는 암호 즉, 코드(code)들입니다. 알파벳이 나타내는 소리들을 알아내어 단어들을 발음하면 그 코드를 해독한 것이 됩니다. 즉 코드를 푼(decode) 것이죠. 그래서 이를 디코딩(decoding)이라고 합니다.

이와 반대로 글로 쓰인 단어는 그 단어의 소리를 알파벳 암호를 사용해서 적어 놓은 것이니까 소리를 암호화(encode)해 놓은 것이죠. 그러므로 인쇄된 단어는 소리를 인코딩(encoding)해 놓은 것입니다. 언어와 언어의 문자 코드 체계를 아는 사람은 인쇄된 단어를 보고 금세 소리로 바꿔 읽을 수 있습니다. 코드를 푼 것이죠. 그래서 인쇄된 단어나 문장을 보고 읽는 것을 코드를 풀었다는 뜻으로 decoding이라고 합니다.

다음을 디코딩해 보세요.

"Je vous remercie." (French)

"Vielen Dank!" (German)

"Muchas gracias." (Spanish)

"Thank you very much." (English)

"Большое вам спасибо." (Russian)

"Их баярлалаа." (Mongolian)

"ありがとうございます" (Japanese)

"謝謝" (Chinese)

"ขอบคุณมาก." (Thai)

"대단히 감사합니다." (Korean)

정말 다양한 모양의 암호를 쓰고 있습니다. 언어마다 나름의 독특한 모양과 방식으로 소리를 코드화(encoding)해 놓았습니다. 그러므로 각 언어의 독특한 문자 체계를 알아야만 암호화해 놓은 코드를 풀어 읽을 수 있습니다.

디코딩은 단어를 읽어내는 것을 의미하지만, 넓게는 그 의미를 파악하는 것도 포함합니다. 읽기는 했으되, 그 말의 의미를 모른다면 읽으나마나 한 것이니까요. 글을 읽는다(decoding)는 것은 발음과 의미를 모두 알아내는 것을 말합니다.

같은 의미의 문장을 10개 언어의 문자 체계로 위에 적어 보았습니다. 몇 개나 소리와 의미로 디코딩하셨나요? 제가 확실하게 한 건 두 개입니다. 독자께서는 적어도 2+α이시겠지요.

16 Sight Words란 무엇인가?

파닉스, 디코딩 등과 함께 자주 등장하는 표현으로 사이트워드(sight words)가 있습니다. 사이트워드란 눈으로 보는 즉시 알아보고 바로 발음하는 단어를 말합니다. 자주 쓰이지만 파닉스 법칙에 부합되지 않는 단어들을 사이트워드라고 하기도 하는데, 틀린 말은 아닙니다.

왜냐하면 사용 빈도가 워낙 높아 뇌에서 자동 처리되는 단어들 중에는 철자하고 발음이 안 맞는 단어들이 많이 있으니까요. 이런 단어들은 워낙 자주 쓰이기 때문에 철자와 발음이 맞든 안 맞든 상관없이 눈에 들어오는 즉시 자동 발음됩니다. 이런 부류의 어휘 중 가장 대표적인 단어들로 one, two, do 세 단어를 들 수 있습니다.

1) one

영어를 하는 모든 사람들은 이 단어를 "원"이라고 발음합니다. 이 단어를 다르게 읽는다는 것 자체를 상상할 수 없을 정도입니다. 그런데 우리말 '원'을 영어로 표기할 때는 어떻게 철자하시나요? one이라고 쓰시는 분은 한 분도 안 계실 겁니다. one 대신 won이라고 표기합니다. 왜 그럴까요? one으로 표기하면 오해의 여지가 있기 때문이기도 하지만, '원'을 영어로 표기할 때는 won이 영어표음 방식에 맞기 때문입니다. 그런데 one에는 '위' 소리를 나타내는 철자 'w'가 없는데도 모든 사람이 한결같이 "원!"이라고 외칩니다.

2) two

two에는 'w'가 들어가 있는데, 이걸 자음 철자로 봐야 하나요, 아니면 모음 철자인가요? '워' 발음이 나지 않는 걸 보면 자음 기능은 없는 것 같고, 그렇다면 'wo'를 하나로 묶어 모음 철자로 봐야 할 겁니다. 그런데 'wo'가 [uː]로 발음되는 경우가 있나요? 'ow'는 모음 철자가 맞습니다. tow, bow, cow, how, down, 등등. 그런데 'wo'가 모음 철자라…… two 말고 또 있나요? '투'로 발음하려면 too가 제대로 된 철자 방식입니다. 하지만 two 역시 '투'로 발음하는 게 하나도 이상하지 않습니다.

3) do

철자가 나타내는 발음을 그대로 살리려면 '도'로 발음하는 것이 맞지요. 하지만 언어는 법칙 이전에 습관입니다. 가장 쓸씀이가 많은 동사 do는 '두'로 발음합니다. 그런데 이게 삼인칭 단수형으로 바뀌면 does가 되고, 부정축약형이 되면 don't가 됩니다. 그러면 이 두 단어는 어떻게 발음하나요? do가 '두'니까 does는 '둬즈', don't는 '둔트'라고 하는 게 어울릴 것 같은데 그게 아니고 '더즈', '돈트'라고 말합니다. 옛날 컴퓨터 소프트웨어 중에 'MS DOS'가 있었습니다. 그런데 사람들이 이걸 읽을 때는 '엠에스도스'라고 읽습니다.

영어를 하는 사람 어느 누구도 이런 기본적인 단어들의 철자가 발음과 맞지 않는다고 불편해 하거나, 비원칙적이니까 철자 방식을 바꾸든, 아니면 발음을 철자에 맞게 고치든 해야 한다고 주장하지 않습니다. 대대손손 태어나면서부터 습관적으로 그렇게 듣고, 말하고, 읽고, 쓰고 해 왔기 때문에 아무런 불편을 느끼지 않는 것이지요. 사이트워드는 이처럼 철자와 발음이 맞든 안 맞든 상관없이 보는 즉시 자동으로 발음되고 이해되는 단어들을 가리킵니다.

17 Dolch Words

아이의 학습 연령과 사용 빈도에 따른 단어들의 목록을 제시하는 사이트워드 리스트는 여러 종류가 있습니다. 그중에서 가장 유명한 것이 아마도 'Dolch Words'일 겁니다.

미국의 언어학자 Edward William Dolch 박사는 방대한 어린이용 책들을 조사하여 이 책들에 사용된 어휘들을 분석했습니다. 그리고는 5~8세의 아이들이 사용 빈도가 높은 단어들을 체계적으로 공부하도록 220개의 빈출 단어들을 다섯 등급으로 나누어 정리했습니다. 이 220개 단어들은 형용사, 부사, 접속사, 전치사, 대명사, 그리고 동사들로 이루어져 있습니다. 이 단어들을 돌치 박사는 '서비스 단어(service words)'라고 명명했습니다. 영어에 엄청나게 자주 등장하여 헌신적으로 수고하기도 하고, 이 단어들의 역할이 주로 기능적이기 때문에 이렇게 이름 붙인 것 같습니다.

돌치 박사는 이 220개 서비스 단어 말고, 자주 사용되는 명사 95개를 별도로 추려서 정리했습니다. 이 두 목록을 합치면 돌치 워드는 모두 315개입니다. 이분은 이 단어들의 목록을 1936년경에 발표했는데 이게 바로 'Dolch Words'입니다.

미국 아이들은 이 315개의 단어 대부분을 초등학교 1학년 때 배운다고 합니다. 영어 책에 나오는 어휘의 50~70%, 어린이 책의 70%가 이 돌치 워드로 이루어져 있다고 합니다. 이 단어들은 너무도 자주 책에 등장하기 때문에 보는 즉시 발음되고 이해되는 'Sight Words'로 아이들의 머릿속에 자리 잡아야 합니다.

우리 아이들도 이 점은 마찬가지이지만, 이 단어들을 배우고 익히는 속도는 당연히 차이가 있습니다. 우리 아이들이 이 단어들을 배우는 시기는 미국 아이들보다 좀 늦겠죠.

18 Dolch Words Lists

1) 유치원 전 단계(Pre-primer, 40 words)

a, and, away, big, blue, can, come, down, find, for, funny, go, help, here, I, in, is, it, jump, little, look, make, me, my, not, one, play, red, run, said, see, the, three, to, two, up, we, where, yellow, you

2) 유치원 단계(Primer, 52 words)

all, am, are, at, ate, be, black, brown, but, came, did, do, eat, four, get, good, have, he, into, like, must, new, no, now, on, our, out, please, pretty, ran, ride, saw, say, she, so, soon, that, there, they, this, too, under, want, was, well, went, what, white, who, will, with, yes

3) 초등 1학년(1st Grade, 41 words)

after, again, an, any, as, ask, by, could, every, fly, from, give, giving, had, has, her, him, his, how, just, know, let, live, may, of, old, once, open, over, put, round, some, stop, take, thank, them, then, think, walk, were, when

4) 초등 2학년(2nd Grade, 46 words)

always, around, because, been, before, best, both, buy, call, cold, does, don't, fast, first, five, found, gave, goes, green, its, made, many, off, or, pull, read, right, sing, sit, sleep, tell, their, these, those, upon, us, use, very, wash, which, why, wish, work, would, write, your

5) 초등 3학년(3rd Grade, 41 words)

about, better, bring, carry, clean, cut, done, draw, drink, eight, fall, far, full, got, grow, hold, hot, hurt, if, keep, kind, laugh, light, long, much, myself, never, only, own, pick, seven, shall, show, six, small, start, ten, today, together, try, warm

6) 명사들(Nouns, 95 words)

apple, baby, back, ball, bear, bed, bell, bird, birthday, boat, box, boy, bread, brother, cake, car, cat, chair, chicken, children, Christmas, coat, corn, cow, day, dog, doll, door, duck, egg, eye, farm, farmer, father, feet, fire, fish, floor, flower, game, garden, girl, good-bye, grass, ground, hand, head, hill, home, horse, house, kitty, leg, letter, man, men, milk, money, morning, mother, name, nest, night, paper, party, picture, pig, rabbit, rain, ring, robin, Santa Claus, school, seed, sheep, shoe, sister, snow, song, squirrel, stick, street, sun, table, thing, time, top, toy, tree, watch, water, way, wind, window, wood

19 Sight Words의 함정에 빠지지 말자

우리 아이가 위의 단어들에 익숙해져 금방 발음도 하고, 뜻도 안다고 해서 이 단어들을 다 알았다고 생각하는 건 좀 문제입니다. 특히 225개의 서비스 단어들은 문장에서 하는 역할이 매우 다양한 기능어들입니다. 말 그대로 서비스를 하는 분야가 많은 거죠. 그러므로 영어를 배우는 사람들에게 사이트워드는 손에 잘 잡히지 않는 미끌미끌한 단어들일 수 있습니다. 사이트워드가 영어 사용 단어의 50%를 차지한다는 말은 이 단어들의 쓰임새가 그만큼 많다는 의미이기도 하니까요.

그러므로 사이트워드 목록을 만들고 이름을 붙였다고 해서 이 단어들만 집중적으로 외우는 것은 별 의미가 없습니다. 문장에서의 용도와 그 용도에서 단어가 뜻하는 바를 제대로 알아야 알았다고 말할 수 있습니다. 그러므로 단어가 문장에서 하는 기능과 의미를 익혀 가면서 하나하나 자기만의 사이트워드 리스트를 만들어 가는 것이 좋습니다.

위의 단어 목록들은 아이가 아는 어휘의 현주소를 점검할 때 참고용으로 사용하거나, 아이가 재미로 훑어보면서 자발적으로 익히게 하는 정도로 사용하는 것이 좋습니다.

20 나의 Sight Words List를 늘려 간다

책을 읽을 때 낯선 단어를 만나면 문장을 읽어 가던 눈길이 그 단어에 걸려 덜컥 멈추어 섭니다. 낯선 단어의 발음이나 뜻을 궁리하다 보면, 읽는 속도가 뚝 떨어지고 내용 파악도 자동모드에서 수동모드로 바뀝니다. 이런 일 없이 책 읽기가 유려하게 진행되려면 나의 사이트워드가 많아야 합니다.

나의 사이트워드가 많아지면 많아질수록 새로운 단어와 맞닥뜨릴 때, 그 단어를 공략하기가 쉬워집니다. 내 사이트워드들과 비교, 대조해서 새 단어의 발음이나 의미를 유추할 수 있기 때문입니다. 예를 들어, 아이가 cat, sat, bat 등의 단어를 읽을 줄 알고 음가에 대한 인식도 형성되어 있다면 그 아이는 fat, mat 같은 단어를 처음 본다 하더라도 철자 패턴이 바로 눈에 들어오고 발음도 쉽게 할 수 있습니다.

읽는 활동은 자전거를 타는 것과 같습니다. 자전거를 너무 천천히 몰거나 자주 세우면 자전거가 쓰러지게 됩니다. 읽기도 마찬가지입니다. 읽는 속도가 너무 느리거나 자주 멈추면, 내용을 파악하는 기능이 작동하지 못합니다. 읽기가 쓰러져 버리는 것이죠. 그러므로 단어들을 자동 처리하는 능력은 능숙한 읽기에 필수적입니다.

아이들은 주로 책을 읽으면서 새로운 단어들을 접하고 익힙니다. 그러므로 나의 사이트워드를 늘리려면 책을 많이 읽어야 합니다. 이때, 읽는 책이 자기 수준보다 과도하게 높으면 독서가 힘들어져서 책 읽기 자체가 싫어질 수 있습니다. 그러므로 아이의 현 수준에서 10% 정도 도전적인 책을 읽게 하는 것이 적당합니다. 책 속의 문장들이 아이 머릿속에서 자동 처리된다면, 그 문장에 쓰인 단어들 모두가 그 아이의 사이트워드가 된 것입니다.

21 단기 기억이 읽기에 주는 영향

사람이 가지고 있는 단기 기억의 관점에서도 어휘의 중요성을 확인할 수 있습니다. 사람의 단기 기억은 영어 단어를 기준으로 7(±2)개의 단어를 수용할 수 있다고 합니다. 단기 기억은 사람이 순간적으로 집중할 수 있는 정보의 양입니다.

사람이 책을 읽는 활동은 단기 기억 활동입니다. 단기 기억의 용량은 제한되어 있기에 읽는 내용의 의미를 파악하는 데 이 용량을 주로 사용해야 합니다. 하지만 책을 읽을 때 낯선 단어들이 자꾸 튀어나오면 이 단어들과 씨름하는 데 단기 기억 용량 대부분을 사용합니다. 이렇게 되면 읽는 내용의 의미를 파악하는 데 사용되는 단기 기억 용량이 매우 작아져 내용 파악에 어려움을 겪게 됩니다.

나의 어휘 수가 많아 단어 해독 과정이 자동화되면, 읽는 내용을 파악하는 데 단기 기억 용량의 대부분을 사용할 수 있습니다. 나의 사이트워드 목록이 늘어나야 하는 또 하나의 이유입니다.

22 읽기에서 나타나는 '마태 효과'

영어의 경우 아이에게 음소인식이 제대로 형성되어 있지 않으면, 읽기에서 아주 안 좋은 연쇄 현상이 나타날 수 있다고 학자들은 우려합니다. 음소인식이 약한 아이는 책을 읽을 때 단어 처리가 자동화되지 못합니다. 자연히 단어를 디코딩하는데 시간과 뇌의 단기 기억 용량을 많이 소비하게 됩니다. 이렇게 되면 읽는 내용의 의미를 파악하는 일이 힘들어지고 읽는 속도가 느려집니다.

읽는 속도가 떨어지면 책 읽는 양이 다른 아이에 비해 적어집니다. 이 아이는 시간이 가면서 책을 통해 얻는 지식이 점점 더 적어집니다. 이로 인해 높은 수준의 읽기 능력이 개발되지 못하고, 결국 읽기를 더 적게 합니다. 부자는 점점 더 부자가 되고, 가난한 자는 점점 더 가난하게 되는 것이죠. 이런 현상을 '읽기에서의 마태 효과'라고 합니다.

"누구든지 가진 사람은 더 받아 넉넉해질 것이지만, 가지지 않은 사람은 가진 것마저 빼앗길 것이다."라는 말씀이 마태복음 25장 29절에 나옵니다. 이와 비슷한 현상이 읽기에서도 나타나기 때문에 미국의 교육심리학자 스타노비치(Stanovich)가 '마태 효과'라는 표현을 사용했습니다. 썩 기분 좋은 말은 아닙니다.

하지만 이건 진리입니다. 영어 책을 신속히 읽으려면 다양한 방식으로 인코딩된 단어들을 빠른 속도로 디코딩하면서 의미 파악하는 능력이 필수적입니다. 이 능력이 시원치 않으면 읽는 내용을 이해하는 속도가 느려지고, 그러다 보면 책 읽는 재미가 점점 없어지고, 결국 영어가 싫어지게 됩니다. 이렇게 되면 정말 안 됩니다. 우리 아이가 영어에서 긍정적인 '마태 효과'를 얻도록 도와야 합니다.

23 읽기에 대한 두 가지 정의

읽기에 관한 많은 연구와 조사 결과, 읽기를 크게 두 가지 과정으로 정의합니다.

1) 상향식 과정(bottom-up process)

책을 잘 읽는 사람들은 묵독黙讀을 해도 뇌에서는 소리 처리 과정이 활성화됩니다. 단어들을 눈으로 읽어 가지만 읽는 단어들의 소리 정보가 뇌에서 활성화되어 막 읽은 단어들이 의식 속에 살아 있습니다. 그리고 의식 속에 살아 있는 방금 읽은 단어들을 읽는 내용을 이해하기 위해 통합시켜 가는 과정이 읽기입니다. 이런 과정이 빠른 속도로 연이어 진행됩니다. 이를 상향식 읽기 과정이라고 합니다.

2) 하향식 과정(top-down process)

읽기에 관한 또 다른 견해는, 읽기란 독자가 이미 알고 있는 지식을 기반으로 읽는 내용이 무엇을 말하려는지 추측하면서, 이 지식을 읽는 내용과 결합하여 의미를 이해하는 과정이라는 것입니다. 이 견해에 따르면, 읽은 내용의 의미가 독자에 따라 다를 수 있습니다. 독자가 이미 알고 있는 지식과 필자의 메시지가 결합하여 의미 이해가 되기 때문입니다. 읽기에 관한 이러한 견해는 읽기를 하향식 과정이라고 생각합니다.

하향식 과정에서 중요한 점은, 유능한 독자는 자신의 지식 창고가 지나치게 힘을 쓰지 못하도록 적절히 통제한다는 것입니다. 독자의 지식이 읽는 내용에 너무 영향을 주면 필자의 의도를 제대로 파악하지 못할 수 있습니다. 아전인수 격의 독서가 되는 것이죠. 여러 사람이 같은 내용을 읽었는데도 내용을 이해하는 면에서 공통점이 하나도 없을 수 있습니다. 이렇게 되면 책을 읽었다고 하기 어렵죠. 독자들 각자가 같은 내용에 대하여 서로 다른 인식을 가질 수는 있지만 읽은 내용의 핵심 줄거리는 동일하게 파악해야 제대로 읽었다고 할 수 있습니다.

진정으로 읽기를 잘하는 사람은 이 두 과정을 모두 구사합니다. 눈동자를 효과적으로 움직여 단어들을 신속·정확하게 읽어 가며 소리 정보를 활성화시켜 의식 속에 살아 있게 하는 동시에, 자신의 지식 창고를 가동하여 읽는 내용에 대하여 추측하고 가정해 가면서 의미를 이해합니다. 그리고 어느 부분이 중요한가를 파악해 나갑니다. 이렇게 상향식 과정과 하향식 과정이 상호작용하면서 수준 높은 읽기 활동이 만들어집니다.

24 영어의 소리와 글을 동시에 뇌에 각인시킨다

언어는 소리입니다. 책을 읽을 때 나도 모르게 중얼거리듯 소리 내어 읽는 경우가 있죠. 글이 바로 말을 옮겨 놓은 것이기 때문입니다. 우리의 뇌가 눈으로 보는 글을 소리로 자동 변환시켜 처리하고 있다는 증거입니다.

요즘 아이들은 영어를 소리로 접할 수 있는 기회와 매체가 매우 풍부합니다. 또 영어를 시작하는 시기도 매우 어리기 때문에 영어 듣기 능력이 부모 세대보다 훨씬 좋습니다. 서너 살부터 영어를 듣고 따라하고 노래하고 춤추고 놀면서 영어에 친숙해집니다. 여섯 살부터는 음소와 알파벳을 배우면서 영어의 소리와 글은 같은 것임을 알게 됩니다. 이제 영어의 소리와 글을 한 짝으로 의식 속에 깊이 뿌리내리게 하는 것이 중요합니다. 이렇게 하는 가장 좋은 방법은 듣기와 읽기를 같이 하는 것입니다.

시중에는 책과 CD, 또는 DVD를 함께 묶어 파는 교육용 상품들이 장르와 수준별로 풍부하게 있습니다. 아이가 좋아할 만한 영어책과 CD, DVD, 전자패드 등을 마련해 주고 아이가 언제든지 보고, 듣고, 읽게 합니다. 제일 좋은 건 아이 스스로 하는 것입니다. 그러려면 아이가 좋아하는 내용이어야 하고 아이의 수준에 맞아야 합니다. 영상 매체는 시청각 정보를 전달하기 때문에 영어 표현과 이미지가 결합되어 아이의 기억에 오래 남습니다. 엄마랑 같이 보고, 듣고, 읽고, 좋아하는 표현들을 연습해 볼 수 있습니다.

25 영어 듣기 실력을 높이는 방법

영어 듣기 효과를 높이려면 경험적으로 증명된 방법들을 나의 스타일에 맞게 조합해서 꾸준히 하는 것이 최고입니다. 경험 있는 분들이 제안하는 내용을 간단히 정리했습니다.

1) 매일 듣는다
매일매일 일정 시간 정기적으로 듣습니다.

2) 집중해서 듣는다
들을 때는 귀를 쫑긋 세우고 정신을 집중해서 듣습니다.

3) 듣는 내용을 먼저 귀로만 듣는다
듣기 전에 지문을 보면 안 됩니다. 먼저 귀로만 들으면서 내용을 최대한 파악하려고 노력합니다.

4) 들으면서 받아쓰기(dictation)를 한다
처음부터 문장 전체를 다 받아쓰려 하지 말고, 우선 핵심 키워드 중심으로 받아씁니다. 잘 들리지 않는 단어가 나오면 들으면서 최대한 철자를 궁리해 써 봅니다.

5) 들으면서 본문의 핵심 내용을 파악한다

듣는 내용의 전반적인 흐름을 우선적으로 파악합니다. 영어는 문장의 주어와 동사만 알아도 어느 정도 내용 파악이 되므로 문장의 주어, 동사에 유의하여 듣습니다. 더 이상 잡히는 게 없을 때까지 여러 번 반복해서 듣습니다.

6) 들으면서 파악한 내용을 지문과 비교 확인한다

들으면서 파악한 내용을 인쇄된 지문과 비교해 봅니다. 들으면서 잡히지 않았던 어구와 의미, 그리고 새로운 단어들을 확인합니다. 그런 후 지문을 보면서 다시 듣습니다.

다음은 지문을 덮고 다시 들으면서 모든 내용이 파악되고 귀에 들어오는지 확인합니다. 듣기와 동시에 내용이 이해될 때까지 반복해서 듣습니다.

7) 영어노래를 듣는다

팝송으로도 영어 듣기 실력을 높일 수 있습니다. 가사를 먼저 보지 말고 가사에 집중하면서 노래를 듣습니다. 단어나 문장이 잡히면 잡히는 대로 받아 적습니다. 반복해 들으면서 가사를 최대한 뽑아냅니다.

그런 다음 인터넷에서 영어 가사와 우리말 번역을 내려받은 후 내가 받아 쓴 가사와 비교해 봅니다. 가사를 충분히 숙지한 후 노래를 다시 듣습니다. 노래를 들으면서 가수와 똑같이 따라 부릅니다.

8) 미드를 시청한다

미국 드라마가 한국에서 인기가 좋습니다. 그러다 보니 영어 회화 잘하는 방법으로 미드를 시청하라는 제안들을 많이 합니다. 리얼한 미국 본토 표현들과 다양한 억양을 접할 수 있기 때문입니다.

우선 적당한 미드를 선택한 후 가능한 한 1회부터 확보합니다. 그리고 시청하면서 우리말 자막, 영어 자막을 '보이기, 숨기기, 구간 반복, 시작 위치 설정, 종료 위치 설정' 등의 메뉴를 사용해서 듣기 훈련을 합니다.

인터넷에서 미드의 영문 스크립트 파일을 입수할 수도 있습니다. 이를 제공하는 미드 카페들도 많고, 다양한 미드 학습 아이디어들도 올라와 있습니다. 이런 사례들을 참조해서 나에게 최적화된 미드 영어 훈련 방법을 개발해 보세요.

영어 읽기나 말하기는 못하는데 듣기만 잘하는 사람은 없습니다. 영어 듣기도 자신의 전체적인 영어 실력에 비례합니다. 내가 못 듣는 건 그 단어나 구문을 모르거나, 소리로는 익숙하지 않기 때문입니다. 단어나 문장을 눈으로 보면 이해가 되는데 귀로는 파악이 안 되는 건 영어를 절반만 알고 있는 것입니다. 그래서 듣기 연습이 필요합니다. 영어를 지속적으로 들으면 글로만 다가오던 단어나 구문들이 펄떡이는 생생한 말소리로 우리의 뇌리에 저장됩니다.

26 말하기 훈련, 혼자서도 할 수 있다

영어로 말하기, 영어 공부의 정점과도 같습니다. 듣고, 읽고, 쓰는 세 활동의 종합판이 말하기이니까요. 더구나 말하기는 다른 세 활동과 달리 상대가 있어야 하기 때문에 내가 바라는 대로 연습하기도 쉽지 않습니다.

그렇다고 못할 일도 아닙니다. 어떻게 미리 준비하면 외국인을 만났을 때 편안하게 대화를 나눌 수 있을까요? 우선 혼자서 말하기 훈련을 하는 활동부터 정리해 봅시다.

1) 기본 패턴 문장들을 혀끝에 붙여둔다

시중에는 영어 회화의 기본 패턴들을 연습시키는 책들이 많이 있습니다. 우선 이런 책을 구입해서 기본 표현들을 완전히 숙달합니다. 이 표현들을 큰소리로, 가능한 한 빠르고 자연스럽게 말하는 연습을 끊임없이 반복해서 혀끝에 붙여 두세요. 그래야 필요할 때 입에서 자동적으로 튀어나올 수 있습니다.

2) 쉽고 많이 쓰는 단어와 구에 익숙해진다

실제 회화에서 많이 쓰는 단어들은 비교적 쉬운 단어들입니다. 그러므로 중학과정 수준의 단어들과 이 단어들을 사용한 어구들을 내 것으로 만들어 갑니다. 쉬운 단어들로 이루어진 기본적인 문장을 말하는 것에서 영어 회화는 시작됩니다.

3) 말할 때 문법은 잊어버린다

말할 때 문법이 앞서면 내가 하는 말이 문법에 맞나 틀리냐에 신경이 쓰여 영어가 유창하게 되지 않습니다. 영어를 전체적으로 잘하고 각종 시험에서 좋은 성적을 내려면 문법 공부를 반드시 해야 합니다. 하지만 말할 때는 문법을 지워버리고, 그동안 내가 수없이 반복 연습해서 혀끝에 붙여 놓은 패턴 문장들을 그대로 쓰거나, 아니면 상황에 맞게 한두 단어만 바꾸어 말합니다.

4) 영어 소설책을 듣고, 읽고, 큰소리로 말한다

서점에 가거나 온라인 서점에 들르면 내 수준과 취향에 맞는 영어 소설책들을 쉽게 찾을 수 있습니다. 소설책 몇 권을 오디오와 함께 구입하세요. 인터넷에서 e-book과 오디오 파일을 함께 입수할 수도 있습니다. 소설 속에는 다양한 형태와 내용의 대화가 담겨 있습니다.

녹음 내용을 들으면서 정확하게 큰소리로 따라합니다. 성대모사를 하는 것처럼 발음과 억양, 속도를 그대로 흉내 내이 말합니다. 영국식, 미국식 상관없이 그대로 따라합니다. 오리지널 녹음과 비슷하게 말한다고 느껴질 때까지 계속 따라 말합니다.

내가 말한 것을 녹음한 후 오리지널 녹음과 비교하며 내 발음을 원어민 발음과 같아지도록 교정해 갑니다.

27 말하기 훈련, 실전 연습은 필수!

평소에 이처럼 준비운동을 하고 있으면, 실제로 외국인을 만나 대화를 잘할 수 있습니다. 그래도 막상 닥치면 생각처럼 되지 않기 때문에 실습을 해 보는 것이 필요합니다. 외국인 친구가 있어 대화를 나눌 수 있으면 참 좋습니다. 이게 여의치 않으면 일부러 외국인을 만나러 나서는 수밖에 없습니다. 외국인을 만나 회화를 연습해 보는 여러 경우가 있는데 정리하면 대략 다음의 경우들일 겁니다.

1) 외국어 학원의 원어민 회화 과정에 참여한다

외국인 선생을 직접 대면하여 말할 수 있어 좋지만, 한 반에 학생 수가 많으면 내가 말할 수 있는 시간이나 기회가 적어 아쉬울 수 있습니다.

2) 화상 영어나 전화 영어 서비스를 받는다

일대일 방식이라 대화 기회가 많고 적절한 피드백도 받을 수 있습니다. 하지만 기기 연결이 불안정하거나 접촉의 직접성이 떨어져 대화의 몰입도와 긴장감이 약할 수 있습니다.

3) 외국인 개인 강사를 채용한다

제일 좋은 방법이겠지만 금전 부담이 꽤 될 것 같습니다. 그런데 요즘, 주변에는 미국에서 성장했거나, 미국에서 수년간 공부하고 귀국한 한국 사람들이 꽤 많습니다. 이들이 국내 영어 사교육 시장에 적극 참여하고 있습니다. 이들 중에 영어 실력과 영어 교육 역량을 겸비한 분들이 있으니 도움을 받을 수 있습니다.

4) 국내외 어학연수를 다녀온다

어학연수는 일정 기간 영어 몰입 환경에 나를 맡겨 영어 실력을 높이는 집중 학습 방법입니다. 영어 연수는 주로 방학 시즌에 학생들을 대상으로 진행됩니다.

국내 연수는 교육 프로그램과 담당 교사들의 자질을 유심히 살펴야 합니다.

해외 연수는 나라와 기간, 프로그램 등이 매우 다채롭습니다. 해외 연수는 우선 나라, 교육 프로그램, 시행 기관과 교수진, 그리고 숙식과 여가 활동 등을 비용과 대비하여 꼼꼼히 살펴야 합니다. 많은 분들이 해외 어학연수를 다녀오지만, 만족스러운 성과를 얻지 못하고 오는 경우가 종종 있으므로 면밀한 검토가 필요합니다.

위의 모든 경우에 선생의 억양이 문제가 될 수 있습니다. 외국어 학원의 경우 모든 선생이 다 미국인은 아닐 겁니다. 영국, 아일랜드, 캐나다, 호주, 뉴질랜드, 남아공 등 다양한 나라에서 온 선생들이 국내 학원에서 가르치고 있습니다.

전화 영어나 화상 영어는 가격 문제로 회사들이 대부분 아시아에서 선생을 조달하고 있습니다. 필리핀이 제일 많을 듯싶습니다.

국내 연수 역시 선생의 출신이 다양할 수 있습니다. 해외 연수는 내가 국가를 선택하니까 괜찮을 수 있지만, 그 나라에서 만나게 될 선생은 내 선택 범주를 벗어납니다.

한국은 미국과 교류가 제일 많기 때문에 미국 영어를 선호합니다. 하지만 세계 도처에서 영어가 사용되고 있기 때문에 어느 나라말을 표준이라고 하기 어렵습니다. 그리고 한 지역이나 나라의 억양에만 익숙해지는 것도 그리 좋은 건 아닙니다.

28 말하기 훈련, 실전 연습 시 유의 사항

원어민 선생과 만나서 매번 안부나 날씨 얘기만 해서는 곤란합니다. 하나의 소재나 주제를 정해서 내용을 전개해 가는 방식으로 대화해야 합니다. 테마가 있는 대화라고 해서 어렵게 생각할 것 없습니다. 어느 것이든 다 주제가 될 수 있으니까요. 외국인 선생과 대화를 나누기 전에 테마를 정하고 미리 준비하는 것이 좋습니다. 그리고 선생과 나눈 대화를 녹음합니다. 대화를 끝낸 후 녹음 내용을 들어보면 그 어떤 피드백보다 더 효과적일 수 있습니다.

또 하나는 나의 심리에 관한 것입니다. 사람이 대화를 나누는 것은 서로의 감정과 정서를 교류하고 공유하는 즐거운 사교 활동입니다. 틀리면 어쩌나 하는 소극적인 생각을 버리고, 호기심과 즐거움이 배어나는 적극적인 표정으로 상대방의 얼굴을 보면서 편하게 대화를 즐기시기 바랍니다. 긍정적인 마인드로 대화를 나누면 평소 실력보다 훨씬 더 잘할 수 있습니다. 혹시 못 알아들었으면 주저 말고 되물으세요. 상대의 말을 제대로 파악해야 즐거운 대화를 계속할 수 있습니다.

29 스푸너리즘 말실수에 대해 들어보셨나요?

영어를 하다 보면 실수를 하게 됩니다. 그런데 말실수는 영어를 모국어로 하는 사람들도 합니다. 말실수에 예외는 없지요. 영어 음소의 순서가 뒤바뀌거나 두 음소의 자리가 서로 바뀌는 말실수를 영어로 스푸너리즘(spoonerism)이라고 합니다. 이 말은 1900년대 초 영국 옥스퍼드 대학의 교수 윌리엄 아치볼드 스푸너 (William Archibald Spooner)에서 유래했습니다.

이분의 유명한 실수를 소개하면,
당시 영국의 빅토리아 여왕에 대해,
하고자 했던 말: "That dear old queen" (경애하는 노 여왕)
→ 실제 한 말: "That queer old dean" (괴팍한 늙은 교장)

학생들에게.

하고자 했던 말: "You have missed my history lecture. You have wasted the whole term." (제군들은 나의 역사 강의를 듣지 않았어. 이번 학기 전체를 망쳐 버렸군.)

→ 실제 한 말: "You have hissed my mystery lecture. You have tasted the whole worm."

(제군들은 나의 신비스러운 강의에 야유했어. 제군들은 벌레 전체를 맛보았군.)

그가 이런 말실수를 많이 해서 이러한 말실수를 그의 이름을 따서 스푸너리 즘이라고 명명하게 되었습니다. 사전을 찾아보면 spoonerism이 '두음전환頭音轉換'이라고 번역되어 있습니다. 주로 단어나 구의 첫소리가 자리바꿈을 하면서 우스꽝스러운 표현이 되어 버리는 것이죠.

이런 식의 실수는 많습니다.

well-oiled bicycle(기름칠 잘된 자전거) → well-boiled icicle (푹 삶은 고드름)

stick in the mud(진창에 빠진 지팡이) → smuck in the tid

speech production → preach seduction(유혹하는 법을 설교하다)

영어를 모국어로 하는 사람들도 이런 실수를 비롯해서 여러 말실수를 합니다. 그러니 영어를 외국어로 하는 우리가 말실수를 하는 건 당연하지요. 실수했다고 쑥스러워 하거나 창피해 할 것 하나 없습니다. 실수는 자연스러운 현상입니다. 편하게 받아들이세요.

30 영어 쓰기 - 알파벳 익히기, 수동적 글쓰기

아이가 여섯 살 정도 되면 영어 음소와 함께 알파벳을 배우기 시작합니다. 이 때 알파벳 쓰기도 같이 하죠. 영어 쓰기의 시작입니다. 영어 알파벳은 생김새가 서로 비슷하고, 소문자도 있기 때문에 정확한 모양과 쓰는 순서를 반드시 익혀 야 합니다. 대문자 쓰기를 먼저 하고, 대문자와 짝을 지어 주면서 소문자 쓰기를 합니다.

다음으로 새로운 단어와 파닉스를 배워 가면서 단어를 쓰게 할 수 있습니다. 단순히 쓰기만 하는 것이 아니라 단어를 또박또박 말하면서 쓰게 합니다. 그래 야 영어 철자들이 나타내는 음가가 아이의 뇌리에 각인되고, 말과 글은 한 세트 라는 사실을 잊지 않습니다.

문장 쓰기를 할 때는 우선 자기가 읽거나 말한 문장을 그대로 써 보게 합니 다. 그리고 선생님이 하는 말을 받아쓰는 연습도 조금씩 해 나갈 수 있습니다. 처음에는 한두 개의 빈칸을 채우는 정도로 아이의 부담을 줄여 줍니다. 그러다 빈칸을 점차 늘려 가는 방식으로 받아쓰기를 진행합니다.

이런 형태의 쓰기 활동을 수동적 글쓰기라고 할 수 있습니다. 문장을 옮겨 쓰거나, 선생님의 말이나 녹음된 내용을 받아 적는 형태의 쓰기 활동이 대표적 입니다.

31 영어 쓰기 - 완성은 창의적 글쓰기

아이의 영어 역량이 발전하면서 쓰기도 적극적인 쓰기 활동으로 나아가야 합니다. 적극적인 쓰기란 내가 쓰고 싶은 내용을 자유롭게 쓰는 창의적인 활동 을 말합니다. 내가 한 일, 나의 기분, 좋아하는 동물, 하고 싶은 것 등, 아이가 흥미로워 하고 감당할 만한 주제를 정해 주고 마음대로 써 보게 하는 것입니다. 처음에는 한두 문장 쓰는 것도 대단한 결과물일 겁니다. 글을 쓴 후에는 자기 글을 큰 소리로 읽게 합니다. 그런 다음에는 당연히 선생님의 감격 어린 칭찬이 뒤따라야지요.

이제 선생님은 아이의 글쓰기를 조금씩 가다듬어 주시면 됩니다. 우선 기본적인 것으로 문장을 쓸 때 문장의 시작은 대문자로 쓴다는 것, 문장을 끝내면 반드시 마침표를 찍는다는 것 등을 가르쳐 줍니다. 그리고 어법이나 문법을 교정해 줍니다. 아이가 쓴 문장은 문법이 맞지 않는 경우가 많습니다. 하지만 문법을 교정해 줄 때에도 영어에 대해 편안하고 친근한 감정이 강화되도록 아이에게 긍정 피드백을 주어야 합니다.

이제 좀 더 많은 내용을 쓸 수 있는 역량을 갖추도록 이끌어 줍니다. 긴 글을 쓰려면 쓸 내용을 미리 생각하고 순서를 정해야 합니다. 쓸 내용을 설계하는 것입니다. 쓸 내용을 설계하려면 문단에 대해 알아야 합니다. 선생님은 글 전체가 문단으로 어떻게 나뉘고 전체가 엮이는지 이해하도록 도와줍니다. 그리고 쓰고자 하는 내용과 목적에 따라 문단을 구성하는 방법이 달라야 한다는 점도 가르쳐 줍니다. 이제 우리 아이는 생각나는 대로 쓰는 게 아니라, 쓰고자 하는 내용을 추스르고 재구성해서 내용의 일관성과 논리성을 갖춘 글을 쓸 수 있게 됩니다.

시중에는 영어 글쓰기를 훈련하는 교재들이 많이 있습니다. 아이가 체계적인 교재와 유능한 선생님의 도움을 받아 가며 창의적 글쓰기 훈련을 꾸준히 하도록 지원해 주시기 바랍니다. 그러면 자기 생각을 논리정연하게 글로 전개하는 학생으로 성장할 것입니다. 글만 잘 쓰는 것이 아니라 훌륭한 연설가나 웅변가로 발전할 수도 있습니다. 내가 쓴 글을 말로 하는 것이 연설이고 웅변이니까요.

쓰기에는 제시된 우리글을 영어로 옮기는 활동도 있습니다. 이걸 보통 영작이라고 하는데, 실은 우리말을 영어로 번역하는 겁니다. 우리말 내용에 대응하면서 동시에 가장 영어스럽게 표현하는 것이 영작의 핵심입니다. 영어 실력이 쌓이면 이런 식의 영작도 수월하게 할 수 있습니다. 영작은 영어로 말하는 것을 글로 옮기는 것에서 크게 다르지 않습니다.

CHAPTER 21

영어 교육의 핵심 키워드

01 Learning English Is Snowballing

"영어를 배우는 것은 눈 뭉치를 굴리는 것이다."

눈 뭉치를 굴리려면 우선 바닥에 쌓인 눈을 모아 두 손으로 꾹꾹 다져서 배구공 만한 눈 뭉치를 만듭니다. 이 눈 뭉치를 눈밭에서 이리저리 굴립니다. 처음에는 눈 뭉치가 커지는 것 같지 않지만 몇 번 굴리다 보면 눈 뭉치가 커지는 게 느껴집니다. 계속 굴리면 금세 커져, 급기야 허리를 펴고 일어서서 커다란 바위를 밀듯 굴려야 합니다. 조그맣던 눈 뭉치가 이제는 내 키보다 더 큰 눈덩이가 되었습니다.

우리 아이들이 영어를 일찍 시작하는 것이 일반화되었습니다. 그렇다면 어린 시절의 영어 배움 활동이 어떻게 진행되어야 우리 아이 영어 실력이 커다란 눈덩이처럼 커질 수 있을까요?

이 질문에 대한 답으로 영어 배움 활동의 기본 원칙과 방향에 관한 말씀을 드렸습니다. 우리 아이 영어 교육에 대한 부모님의 생각이 명쾌하다면 여러 세세한 학습 활동들에 대한 부모님의 판단이 분명해질 것입니다.

영어 배움 활동을 연령대별로 간단히 정리해 보겠습니다.
1) 3~6살: 영어를 소리로 배우며 영어와 친해지는 시기
2) 6~8살: 영어 소리와 글을 한 세트로 만들어 가는 시기
3) 8~10살: 영어의 말과 글을 통합적으로 맛보고 즐기는 시기

3살부터 10살까지, 8년간입니다. 이 8년이 바로 핵심 영어 눈 뭉치를 만드는 시기입니다. 이 시기에 영어 눈 뭉치를 꾹꾹 다지면서 잘 만들어 놓으면, 다음부터는 이 눈 뭉치를 눈밭에서 슬슬 이리저리 굴리기만 하면 됩니다. 영어는 제 스스로 덩치를 키우면서 쑥쑥 자라갈 것입니다. 긍정의 '마태 효과'와 같은 것이지요.

그렇다고 영어를 3살부터 시작해야 하는 건 아닙니다. 3살부터 영어를 하는 경우가 많다 보니, '이왕 3살부터 할 거면 이렇게 하는 것이 효과적이겠구나' 하고 제안한 것입니다. 부모님의 견해나 아이의 여건에 따라 영어 시작 시점은 다를 수 있습니다.

나중 나이를 10살로 제시했다고 해서 10살이 넘으면 핵심 영어 눈 뭉치가 뭉쳐지지 않는다는 의미도 아닙니다. 아이의 두뇌 발달에 대해 알게 된 지식과 제2 언어 학습 현장에서의 관찰과 연구에 따르면, 아이의 언어 수용력은 13~14살 때까지 매우 뛰어나다고 합니다. 그러므로 나이가 좀 되어도, 본인이 노력하면 좋은 눈 뭉치를 충분히 만들 수 있습니다.

이렇게 말씀드리니까, "아니, 그럼 우리 아이가 14살이 넘었으면 영어를 제대로 배울 수 있는 희망이 절벽이란 말이요?"라고 반문하실 수도 있습니다. 제 대답은 역시 "아니요."입니다. 언제 시작하더라도 학습자가 어떤 학습 경험을 하느냐에 따라 결과는 크게 달라집니다.

앞 장의 '아이가 영어를 배워 가는 과정'은 10살까지의 학습 활동만 언급한 것이 아닙니다. 그 이후로도 꾸준히 지속적으로 해야 할 과정입니다. 눈 뭉치를 커다랗게 만들려면 눈 뭉치를 계속 굴려야 합니다. "Use it, or you will lose it."

따라서 자녀의 영어 교육에 관해 고민하시고, 언제 어떻게 하게 할 건지에 대해 결정하실 때 꼭 기억하셔야 할 세 부면이 있습니다. 영어 배움의 핵심 키워드입니다.

1) Circumstance(환경)

아이의 영어 환경입니다.

사람은 주변 환경의 영향을 받습니다. 아이라면 더욱 그렇죠. 바로 이 환경 때문에 기러기 아빠가 되는 것도 감내하십니다. 그러면 우리 아이의 영어 환경은 어떤가요? 기러기 아빠가 되는 건 좀 과하다 하더라도, 우리 집 즉, 아이가 노는 공간이나 놀이 대상을 영어 친화적이고 영어 지향적으로 꾸며 주는 건 그리 어렵지 않을 겁니다.

또 하나 고려해야 할 환경은 아이가 영어를 배울 때, 그 배움 활동을 하는 공간의 환경입니다. 예를 들어 학원이나 교습소에서 공부한다면, 그곳의 환경을 살필 필요가 있습니다. 영어를 편안하고 즐겁게 배우게 하는 환경이나 분위기인지 고려해야 합니다.

2) Experience(경험)

아이의 영어 경험입니다.

학습에서 환경이 중요하지만 환경은 외부 요소입니다. 환경이 아무리 좋더라도 내가 주도적으로 경험하지 않으면 환경은 나에게 아무런 변화도 가져오지 못합니다. 미국에 이민 갔다고 생각해 보시죠. LA 한인타운에 정착해서 한국 사람들 하고만 어울리고, 한국 식당에만 가고, 한국 사람들 하고만 사업한다면, 미국에 산다는 물리적인 환경이 나의 영어 경험에 무슨 기여를 하는 건가요?

그런데 제 아이는 미국에 가자마자 초등학교에 편입해서 다닙니다. 영어가 달려 미국인 과외 선생을 붙여 주어 매일 두 시간씩 더 배우게 했습니다. 처음에는 학교 가기 싫다고 징징거리더니, 몇 달 지나니까 학교에 취미가 붙은 것 같습니다. 공부도 곧잘 하고 서클 활동도 열심히 하더군요. 좀 더 지나니까 이젠 아예 집에서도 영어만 하네요.

이처럼, 내가 주도적으로 부딪치고 경험해야 영어가 늡니다. 학원에 가든, 홈 스터디 프로그램으로 집에서 하든, 아이가 영어를 어떻게 공부하고 경험하는지 살펴보시기 바랍니다. 아이가 영어 학습을 즐거워 하는가, 아이 수준에는 적당한가, 아이의 학습이 영어 능력 향상에 기여하는가, 아이의 학습 주도성은 어느 정도인가, 아이와 교사와의 관계는 긍정적인가 등을 살펴보시기 바랍니다.

3) Timing(발달 단계)

아이의 발달 단계입니다.

아이의 경험이 제대로 효과를 보려면 아이의 발달 단계와 맞아야 합니다. 이 둘이 어긋나면 아이의 경험이 아무런 효과가 없거나, 도리어 반대의 효과가 날 수 있습니다. 서너 살 때 영어를 시작하게 한다면, 서너 살 아이의 타이밍에 맞는 영어 경험을 하게 해야 합니다.

일곱 살 때 영어를 시작할 수도 있습니다. 늦은 나이가 아닙니다. 중요한 건, 7살 아이의 타이밍에 맞는 배움 활동이어야 한다는 점입니다. 7살에 영어를 시작하는 아이라면 3살 아이가 영어를 만나는 경험과는 달라야 합니다. 7살 아이의 수준은 언어 능력, 사고력, 수용 능력, 관심 대상 등 모든 면에서 3살 아이와 차이가 엄청납니다. 7살 아이의 능력과 흥미에 맞는 영어 경험을 하게 하면, 상대적으로 좀 늦었어도 이 아이의 영어 눈 뭉치는 일찍 시작한 아이의 것과 크게 다르지 않을 겁니다.

이 세 가지 부면, 'Circumstance, Experience and Timing(CET)'을 염두에 두시고 아이의 영어 배움 활동을 꼼꼼히 살펴보시고 정성껏 이끌어 주시면, 아이에게 영어는 평생을 함께하는 재기 발랄한 친구 겸 마음 든든한 지원자가 될 것입니다.

03 Better Late Than Never!

이제 어른들 영어 얘기를 좀 할까요?

우리 모두는 영어를 이미 어느 정도 공부했습니다. 영어를 잘하는 분들도 매우 많습니다. 하지만 한동안 영어를 손 놓고 있는 분들도 적지 않습니다.

문제는, 다시 시작하느냐는 거죠.

이에 대한 저의 대답은,

"Better Late Than Never!"

생뚱맞은 이야기 하나 하겠습니다.

제가 배우고 있는 피아노 이야기입니다.

피아노를 배우고는 싶었는데, 차일피일 하면서 시작하지 못했죠.

그러다 2007년 2월, 드디어 작심했습니다.

인터넷 서핑해서 디지털 피아노 한 대 사고,

토요일 아침 한 시간씩 배우기 시작했습니다.

지금도 배우고 있습니다.

토요일 오전 7시 30분, 선생님이 어김없이 오시죠.

처음에 오셨던 그분입니다.

피아노 배우면서 한동안 즐겨 연주했던 음악들 몇 개 소개해드리면,

Love Story(영화 음악)

Speak Softly Love(영화 음악)

Moonlight Sonata 2악장(베토벤)

광화문연가(이문세)

내 마음의 보석상자(해바라기)

New York, New York(Frank Sinatra)

Java Jive(Ben Oakland)

In The Mood(Glenn Miller)

그럴듯한가요? 헌데 너무 old하군요.

한 가지 새로운 건, 제가 재즈를 좋아하게 됐다는 겁니다.

2013년 가을, 가평 자라섬 재즈 페스티벌에 안사람하고 갔었습니다.

마지막 연주 때는 다들 일어나서 음악에 맞춰 춤을 추더라구요.

저희도 그랬죠. 좌로 우로 흔들흔들.

2017년이면

피아노 시작한지도 10년이 됩니다.

하루 날 잡아 가내 음악회를 마누라에게 열어 줄까 생각하고 있습니다.

연습 소음을 참아 준 데 대한 감사의 표시죠.

어떠신가요?

피아노든 영어든 늦게라도 시작하는 것이 아예 안 하는 것보다 훨 낫겠죠?

CET!

감사의 말

인간의 언어와 그 언어를 습득하는 과정에 대한 깊은 통찰, 말을 기록하는 수단을 갖고자 애쓴 인류의 오랜 노력에 대한 탐구, 영어의 변천 과정이 담긴 수많은 문헌들에 대한 심층적 연구, 영어를 배우는 아이들에 대한 주의 깊은 관찰과 효과적인 학습 방법에 대한 고민. 이러한 다양한 분야에서 연구를 수행하는 학자들의 헌신적인 노력과 그 결과에 대한 공유 과정이 없다면, 일반인들은 이 소중한 정보를 접할 수 없을 것입니다.

언어 및 영어에 대한 나름의 통찰력과 아이디어를 얻게 도와준 도서들을 참조문헌에 열거했습니다. 틈나는 대로 이러한 책들을 읽으면서 가치 있는 정보와 자료를 접할 수 없었다면, 독자에게 영어와 영어 교육에 조금이나마 도움되는 내용을 전달하고자 하는 이 책의 출간도 불가능했을 것입니다. 그 모든 연구를 수행하고 결과를 공유한 많은 학자들의 노고에 진심으로 감사와 경의를 표합니다.

지난 24년간 '윤선생'과 함께하며 영어교육 전반에 매우 소중한 경험을 하였습니다. 미취학 단계에서 대입 과정에 이르는 다양한 장르의 교재 집필, 영어 교육에 수고하는 일선 교사들의 각종 교육과 연수, 교육 매체와 환경을 인터넷 기반으로 혁신하는 거대한 전환. 이 모든 경험이 본 도서 출간의 원동력이 되었습니다. 언제나 따뜻하고 푸근한 '윤선생'의 모든 동료들께 감사와 안부를 전합니다.

또한 본 내용을 읽고 유익한 조언을 아끼지 않으신 김은령 사장과 삽화에 수고해 주신 김은희 화가, 그리고 출간의 모든 과정에 요긴한 도움을 주신 김은호 과장과 북랩 출판사의 김성신 편집자께도 감사의 말씀을 드립니다.

그 누구보다, 집필의 모든 과정을 지켜보고 온 마음으로 지원해 준 소중한 아내에게 저의 고마운 마음을 전합니다.

참조 문헌

Adams, M. J. (2000). Beginning to Read: Thinking and Learning about Print

Balmuth, M. (1992). The Roots of Phonics: A Historical Introduction

Barber, C. (2000). The English Language: A Historical Introduction

Baugh, A. C. & Cable, T. (5th Edition). A History of the English Language

Begley, S. (2007). Train Your Mind Change Your Brain

Bishop, A, & Bishop, S. (2001). Teaching Phonics, Phonemic Awareness, and Word Recognition

Bryson, B. (2004). A Short Story of Nearly Everything

Bryson, B. (2001). Made in America: An Informal History of the English Language in the United States

Bryson, B. (2001). the mother tongue: english and how it got that way

Chall, J. S. (1996). Learning to Read: The Great Debate

Chall, J. S. (2000). The Academic Achievement Challenge: What Really Works in the Classroom?

Chall, J. S., & Popp, H. M. (2001). Teaching and Assessing Phonics: Why, What, When, How

Cook, V. (2001). Second Language Learning and Language Teaching

Crystal, D. (1998). English As a Global Language

Cunningham, P. M. (2000). Phonics They Use: Words for Reading and Writing

Doidge, N. (2007). The Brain That Changes Itself: Stories of Personal Triumph from the Frontiers of Brain Science

Eldredge, J. L. (1999). Phonics for Teachers: Self-Instruction, Methods, and Activities

Fleischman, J. (2002). Phineas Gage: A Gruesome but True Story about

Brain Science

Flesch, R. (1985). Why Johnny Can't Read: and What You Can Do about It

Fromkin, V., Rodman, R., & Hyams, N. (2014). An Introduction to Language

Gazzaniga, M. S. (2011). Who's in Charge?: Free Will and the Science of the Brain

Gibbons, P. (2002). Scaffolding Language, Scaffolding Learning: Teaching Second Language Learners in the Mainstream Classroom

Hall, S. L., & Moats, L. C. (1999). Straight Talk About Reading: How Parents Can Make a Difference During the Early Years

Howatt, A. P. R. (2000). A History of English Language Teaching

Hull, M. A., & Fox, B. J. (1998). Phonics for the Teacher of Reading

Karmiloff, K., & Karmiloff-Smith, A. (2002). Pathways to Language: From Fetus to Adolescent

Larsen-Freeman, D. (1986). Techniques and Principles in Language Teaching: Teaching Techniques in English as a Second Language

Long, M. H., & Richards, J. C. (1987). Methodology in TESOL: A Book of Readings

Macmillan, M. (2002). An Odd Kind of Fame: Stories of Phineas Gage

Markstein, L., & Hirasawa, L. (1983). Developing Reading Skills

McCrum, R., Cran, W., & MacNeil R. (1993). The Story of English

McDonough, S. (2002). Applied Linguistics in Language Education

McWhorter, J. (2001). The Power of Babel: A Natural History of Language

Moats, L. C. (2000). Speech to Print: Language Essentials for Teachers

Moats, L. C. (1995). Spelling Development Disability and Instruction

Piercy, J. (2012). The Story of English: How an Obscure Dialect Became the World's Most-Spoken Language

Pinker, S. (2007). The Language Instinct: How the Mind Creates Language

Pressley, M. (1998). Reading Instruction That Works: The Case for Balanced Teaching

Pyles, T., & Algeo, J. (1982). The Origins and Development of the English Language

Richard-Amato, P. A. (1996). Making It Happen: Interaction in the Second Language Classroom from Theory to Practice

Rivers, W. M. (1994). Communicating Naturally in a Second Language: Theory and Practice in Language Teaching

Schwartz, J. M., & Begley, S. (2003). The Mind & The Brain: Neuroplasticity and the Power of Mental Force

Scragg, D. G. (1974). A History of English Spelling

Spolsky, B. (1992). Conditions for Second Language Learning

Srickland, D. S. (2001). Teaching Phonics Today: a Primer for Educators

Srickland, D. S, & Morrow, L. M. (2000). Beginning Reading and Writing

Stanovich, K. E. (2000). Progress in Understanding Reading: Scientific Foundations and New Frontiers

Tomasello, M. (2003). Constructing a Language: A Usage-Based Theory of Language Acquisition

Trelease, J. (2001). The Read-Aloud Handbook: Includes a Giant Treasury of Great Read-Aloud Books

Watch Tower Bible and Tract Society of Pennsylvania (2001). Benefit From Theocratic Ministry School Education

Watch Tower Bible and Tract Society of Pennsylvania (2010). Good News for People of All Nations

Wikipedia

두산백과사전